Dez Dias em um Manicômio

Como uma Mulher Fingiu Insanidade para Revelar os Horrores do Hospício da Ilha de Blackwell e Ajudou a Inventar o Jornalismo Investigativo

Nellie Bly

Prefácio: Paulo Gleich

Tradução e Organização: Francisco Araujo da Costa

ISBN: 9798587010321

Título original: *Ten Days in a Mad-House; or, Nellie Bly's Experience on Blackwell's Island.* New York: Normal L. Munro, 1887.

Capa: Detalhe de *The New York World*, 9 de outubro de 1887

Retrato da autora: *Portrait of a 21 year old Nellie Bly in Mexico.* Wikimedia.

Sumário

Prefácio: Um corajoso encontro com as loucuras do manicômio

Paulo Gleich[1]

Às vésperas de minha primeira experiência em um hospital psiquiátrico, à época como estudante de psicologia, tive um sonho de angústia. Encontrava-me em um corredor comprido, abandonado, com várias portas de ambos os lados – a imagem prototípica e aterrorizante de um hospício que a cultura nos legou através de livros, filmes, seriados e jogos de videogame. Via então, ao final do corredor, um paciente sendo conduzido por um enfermeiro. Subitamente, ele – o louco – se virava em minha direção, fitando-me fixamente. Assustado, desviei o olhar; mas percebi, naquele átimo, que ele, alucinado, começara a correr em minha direção. Entrei na porta mais próxima, tentando me abrigar da ameaça que se aproximava de mim a passos rápidos. Ali, me escondi atrás de um biombo, esperando ansioso que o louco não me encontrasse. Tentativa inútil: subitamente, surgiu por cima da divisória, e me mirou profundamente. Angustiado, despertei.

São muito frequentes experiências de angústia associadas a hospitais psiquiátricos, popularmente chamados de hospícios ou manicômios, apesar de estes termos terem caído em desuso na área da saúde mental. Entre os leigos, é bastante comum a fantasia, antes e também após uma visita a um local destes, de ser confundido com um paciente e ali permanecer preso para sempre, sendo vãs súplicas e tentativas de provar a sanidade aos médicos e enfermeiros. Essa fantasia não é de todo infundada, pois, após uma incursão a uma clínica ou a um hospital psiquiátrico, com frequência se constata que muitos dos internos têm aparência e comportamento próximos, se não semelhantes, aos das pessoas ditas "normais". A figura popular do louco alucinado ou catatônico nem sempre corresponde à realidade e coloca uma questão que angustia quem se propõe a refletir sobre o assunto: qual a linha que separa a loucura da normalidade? Não poderíamos, mesmo reconhecendo nossas pequenas insensatezes cotidianas, virar o fio e enlouquecer?

Para além das aparências, o reconhecimento de que os loucos não são assim tão diferentes de nós contém uma verdade mais profunda: a loucura também nos habita. Talvez fosse isso que aquele sonho indicava: não adiantava tentar fugir dela, pois o encontro com essa loucura íntima, sobretudo naquele lugar, seria inevitável. Embora possa estar bem guardada nas camadas mais profundas da alma, ela é uma condição que todos atravessamos nos estágios iniciais da nossa constituição, quando estivemos alienados aos outros que nos garantiam a sobrevivência, e a linha entre verdade e fantasia era muito mais borrada que nos anos posteriores, quando nos adaptamos melhor aos delírios coletivos que compõem aquilo que chamamos de realidade. O encontro com a loucura, para além do incômodo que seu barulho e incompreensão podem gerar, também perturba porque toca em algo íntimo, ao mesmo tempo estranho e familiar, pois nos habita em um recôndito esquecido.

É esse um dos motivos que fazem com que, há séculos, os loucos sejam levados a lugares distantes dos olhares da população "normal". A existência destas instituições é justificada por permitir um melhor tratamento, ao reunir os doentes em um mesmo espaço sob o cuidado de profissionais habilitados. Mas o fato de isso se dar geralmente em isolamento e descontinuidade com o resto da cidade fala também do quanto a presença da loucura é insuportável, e o quanto preferimos evitar o encontro com ela para não termos de lidar com o que ela pode revelar a respeito de nós mesmos. Repete-se socialmente aquilo que ocorre individualmente: a porção de loucura que nos cabe é relegada a um rincão oculto da psiquê. E, quando por um acontecimento da vida emerge para a superfície, com frequência traz consigo a angústia desse encontro.

* * *

Nellie Bly (1864-1922), pseudônimo de Elizabeth Cochran Seaman, foi uma jornalista formidável com uma vasta produção textual, mas também uma mulher muito à frente de seu tempo. Com sua coragem, que em momentos parecia beirar a loucura, não apenas abriu caminho para o ingresso de outras mulheres em uma profissão dominada pelos homens, mas encarou desafios que muitos destes dificilmente se atreveriam a topar. Por seu caráter destemido e obstinado e por suas reportagens ousadas e inovadoras, ficou famosa na época em seu país e tornou-se ícone da *New American Girl*, ideal de mulher autônoma e independente que começava a se construir na virada do século XIX para o XX. O exemplo talvez mais notório de sua trajetória profissional foi a viagem que empreendeu com o intuito de tornar realidade a ficcional *A volta ao mundo em 80 dias*, de Júlio Verne. Bly completou a jornada em apenas 72 dias, quebrando um recorde mundial da época e gerando sensação nos Estados Unidos com seus relatos, que deram origem ao livro *Around the world in seventy-two days* (ainda sem tradução para o português).

Foram estas características que fizeram Nellie aceitar, em 1887, dois anos antes da volta ao mundo, o desafio de escrever para o jornal *New York World*[2] a reportagem que deu origem a *Dez dias em um manicômio*. Ela teria de se passar por insana para ser internada em um hospício de Nova York e relatar ao mundo o que ocorria lá dentro, a respeito do que havia apenas suspeitas vagas e denúncias esporádicas. Apesar de sentir a angústia de ser confundida com uma paciente e não conseguir sair do manicômio, não desistiu da empreitada. Após treinar expressões de loucura para compor sua personagem, internou-se em um lar que acolhia mulheres em situações de desassistência como abandono ou desemprego. Lá, começou a interpretar sua personagem louca, Nellie Brown. Mais que curiosa, é significativa

---

[2]   Jornal do renomado editor norte-americano Joseph Pulitzer, que desde 1917 dá nome ao reconhecido prêmio Pulitzer de jornalismo, letras e música.

a decisão de manter seu primeiro nome ao assumir o papel de louca: diz talvez da proximidade, da não descontinuidade dessa condição com a normalidade. E indica, também, uma escolha que fizera antes de iniciar sua investigação: uma vez internada no hospício, deixaria de se portar ostensivamente como uma louca, para assim registrar os efeitos que isso teria sobre as demais internas, mas sobretudo sobre a equipe do hospital.

O valor deste livro tem várias camadas. Primeiro, como registro histórico dos acontecimentos de seu tempo, que não se resumem apenas ao que Nellie vivenciou no hospício, mas tratam também de antes e depois de sua internação. A linguagem e a descrição dos cenários, e também as gravuras que acompanham o texto, trazem uma preciosa ambientação na Nova York do final do século XIX, com destaque para a condição das mulheres naquela época. A experiência de segregação e violência, explícita na convivência com as internas no manicômio, já se antecipa em sua passagem pelo lar temporário para mulheres, local de acolhida no qual registra, em apenas poucas horas, pequenos detalhes que compõem um panorama desolador.

Mas é em sua passagem pelo hospício que Nellie realmente expõe a crueldade à qual eram submetidas as que eram marcadas por uma dupla condição de exclusão: ser mulher e louca. Ou melhor, ser considerada louca: tal como Nellie, lá havia muitas outras cuja insanidade era questionável – por exemplo uma mulher que, após um arroubo passional em uma situação de desespero, fora internada como insana. Revela, assim, uma realidade que testemunhei quase cem anos depois, ao ter contato com histórias de pessoas levadas ao hospital psiquiátrico por terem deficiências, sofrerem abandono ou ainda por familiares que queriam se desincumbir de alguém que lhes causava incômodo. Por não ser mensurável a partir de testes ou exames, a loucura pode tornar-se um álibi para afastar do convívio familiar ou social quem resiste a se adaptar, mesmo que a uma condição de vida que seja francamente enlouquecedora.

Em seu texto, Bly também denuncia, com suas observações do dia a dia do manicômio, o caráter psicopatogênico, ou seja, enlouquecedor da própria instituição que se propõe a tratar essa condição. Isso se mostra não somente nos atos mais explícitos de crueldade, como as várias violências físicas e psicológicas de enfermeiras contra internas, mas sobretudo em pequenos detalhes, que Nellie capta com sua grande capacidade de se sensibilizar com a dor do outro. Uma grande pequena violência destas, que preserva sua atualidade até os dias de hoje, é a recusa a dar ouvidos ao que os ditos loucos têm a dizer. Como se, uma vez portadores de um diagnóstico de loucura, estes sujeitos fossem deportados do território da razão e, por isso, nenhuma palavra sua tivesse mais valor. Se esse efeito pode ser observado na experiência cotidiana do louco, sua persistência em um ambiente onde este supostamente deveria encontrar acolhida apenas repete aquilo que, em um primeiro momento, o levou a enlouquecer: a recusa do outro a escutá-lo, a reconhecê-lo como sujeito portador de desejo e subjetividade próprios. Nellie não apenas testemunha isso em diversas ocasiões em sua passagem pelo manicômio, como também o experimenta em muitos momentos, como quando, em uma consulta médica para realizar exames, médico e enfermeira flertam entre si e conversam sobre ela como se não estivesse ali.

Outro aspecto revelado pela experiência de Nellie Bly do tratamento da loucura que ainda encontramos com frequência na atualidade é quanto aos objetivos terapêuticos. Se a loucura é considerada doença – como o é desde a psiquiatria moderna, inaugurada pelo francês Phillipe Pinel –, o objetivo do tratamento seria a cura dessa condição. Mas o que seria a cura de uma condição de existência, de um modo de habitar o mundo? A resposta, em termos gerais, é, muitas vezes, voltar – ou alcançar – a normalidade. Isso pode se traduzir de diversas formas, desde a possibilidade de uma singular inserção na sociedade, até a adaptação a padrões socialmente convencionados. Não há, porém, consenso quanto a isso, e, em última instância, a palavra final sobre a cura é de quem detém o poder de decidir sobre a condição do louco, já que este, ao receber o diagnóstico, é com frequência destituído de sua palavra e cidadania.

Hoje em dia, os manicômios não são mais a forma privilegiada de tratar os loucos, e seu número vem se reduzindo a partir da luta de movimentos sociais como a luta antimanicomial e a reforma psiquiátrica, que advogam por um tratamento mais humano da loucura, sendo a internação um recurso último em casos mais graves ou de crise. Porém, é ainda muito atual a normalização como ideal de cura, mesmo que isso se dê às custas da condição de sujeito e de cidadão do louco. Assim, quanto mais "normal" for o louco, mesmo que apenas em aparência, mais "curado" será considerado.

Em sua experiência no hospício, Nellie registra isso de forma sagaz, ao registrar que é a obediência às ordens da instituição e de seus representantes o que poderá, talvez, levar a uma "alta". De formas mais ou menos explícitas, a obediência segue muitas vezes se colocando como critério de avaliação de sanidade até os dias de hoje – assim como qualquer ato de contrariedade ou resistência é colocado do lado da doença ou da loucura, mesmo quando justificado. Nellie traz, em sua observação do cotidiano no hospício, muitos exemplos dessa forma de proceder, que, mais que revelar a insanidade de quem a sofre, acabam expondo o sadismo e o desejo por poder sobre o outro de quem os pratica.

Exemplo de uma corajosa reportagem investigativa para os jornalistas, testemunho de uma grande sensibilidade humana para profissionais que se ocupam do sofrimento psíquico, precioso registro histórico da história da loucura e de seu tratamento, *Dez dias em um manicômio* é um documento de valor para qualquer um que pertença a um destes grupos. Porém, não é apenas aí que reside sua qualidade: ao nos conduzir para perto da loucura (a dos loucos, mas também a que acaba se produzindo em muitos daqueles que se propõem a tratá-la), o livro convoca a um encontro não apenas com o estranhamento que ela causa, mas sobretudo com a dimensão humana que nos aproxima dela – muitas vezes mais do que gostaríamos.

Introdução

Desde que minhas experiências no Hospício da Ilha de Blackwell foram publicadas no *New York World*, recebi centenas de cartas sobre o caso. A edição com a minha história se esgotou há bastante tempo, então fui convencida a permitir que fosse publicada em livro para satisfazer as centenas de interessados que ainda pedem um exemplar.

Fico feliz em informar que, devido à minha visita ao hospício e às reportagens subsequentes, a Cidade de Nova York reservou uma soma 1.000.000 de dólares por ano maior do que jamais fizera em sua história para o cuidado dos insanos. Assim, pelo menos tenho a satisfação de saber que as pobres infelizes receberão cuidados melhores por causa do meu trabalho.

Capítulo I: Uma Missão Delicada

No dia 22 de setembro, o *New York World* perguntou se eu poderia ser internada em um dos hospícios de Nova York, com a ideia de escrever uma narrativa simples e sem enfeites do tratamento que os pacientes recebem nele, os métodos de administração e assim por diante. Eu teria coragem para enfrentar a provação exigida por essa missão? Conseguiria assumir as condições de insanidade a ponto de enganar os médicos e viver entre os loucos por uma semana sem que as autoridades do local descobrissem que era apenas uma observadora disfarçada? Respondi que acreditava que sim. Tinha alguma fé na minha capacidade como atriz e achava que poderia fingir insanidade pelo tempo necessário para cumprir qualquer missão que me fosse dada. Eu poderia passar uma semana na ala dos insanos na Ilha de Blackwell? Disse que podia e passaria. E passei.

Minhas instruções foram simplesmente começar o meu trabalho assim que me sentisse pronta. Eu deveria escrever uma crônica fiel de minhas experiências e, depois de entrar no hospício, descobrir e descrever seu funcionamento interno, sempre tão bem escondido do conhecimento do público pelas enfermeiras de boinas brancas, além das grades e fechaduras.

— Não estamos pedindo que vá até lá para fazer revelações sensacionais. Escreva o que descobrir, bom ou ruim. Distribua os elogios ou a culpa que achar melhor e conte sempre a verdade. Mas tenho receio desse seu sorriso crônico — meu editor disse.

— Então não vou mais sorrir — respondi, e saí para executar minha delicada e, como descobriria, difícil missão.

Se conseguisse entrar no hospício, o que não tinha muita esperança de conseguir, não imaginava que minhas experiências passariam de uma simples história sobre a vida em um hospício. Que tal instituição pudesse ser mal administrada, que poderia haver crueldades sob seu teto, eu não considerava possível. Sempre tive o desejo de conhecer a vida dos hospícios mais completamente, o desejo de ser convencida de que as criaturas mais indefesas de Deus, os loucos, recebiam cuidados bondosos e corretos. As muitas histórias de abusos nessas instituições eu considerava exageros absurdos ou então mentiras, mas ainda tinha o desejo latente de ter certeza.

Tremia só de pensar em como os loucos estavam completamente à mercê de seus guardiões e como era possível chorar e implorar por liberdade, sem nenhum resultado, se os guardiões assim quisessem. Aceitei ansiosamente a missão de descobrir como era o funcionamento interno do Hospício da Ilha de Blackwell.

— Como vocês vão me tirar de lá — perguntei a meu editor — depois que eu entrar?

— Não sei — respondeu. — Mas vamos tirá-la de lá nem que tenhamos que contar quem você é e por que fingiu insanidade. Só entre.

Eu tinha pouca fé na minha capacidade de enganar os especialistas em insanidade. Creio que meu editor tinha menos ainda.

Todas as preparações preliminares para o meu martírio ficaram a meu encargo. Apenas uma decisão foi tomada antes, a saber, que eu fingiria loucura sob o pseudônimo de Nellie Brown, usando as mesmas iniciais do meu nome, bordadas na minha roupa de baixo, para que não houvesse dificuldade em acompanhar meus movimentos e me salvar das dificuldades ou perigos que poderia enfrentar. Havia meios de entrar na ala dos insanos, mas eu não os conhecia, então tinha duas opções a meu dispor. Poderia fingir insanidade na casa de amigos e ser internada com base na decisão de dois médicos competentes ou então poderia atingir meu objetivo usando o tribunal de polícia.

Depois de alguma reflexão, decidi que seria mais sábio não criar essa imposição para meus amigos ou encontrar um médico de boa índole disposto a me auxiliar nesse plano. Além disso, para ser enviada à Ilha de Blackwell, meus amigos precisariam fingir pobreza e, infelizmente para o objetivo que tinha em vista, meu contato com os mais pobres, com exceção de eu mesma, era apenas superficial. Assim, me decidi pelo plano que levou ao sucesso de minha missão. Consegui ser internada na ala dos insanos da Ilha de Blackwell, onde passei dez dias e dez noites e tive uma experiência que jamais esquecerei. Assumi a missão de interpretar uma pobre louca infeliz e acreditava que seria meu dever não me esquivar de nenhum dos resultados desagradáveis desse processo. Fiquei sob a tutela da cidade durante todo o período, tive diversas experiências e vi e ouvi muito sobre o tratamento dado a essa classe indefesa de nossa população. Depois que vi e ouvi o suficiente, minha liberdade foi obtida imediatamente. Deixei a ala dos insanos com prazer e arrependimento: prazer porque mais uma vez poderia respirar o ar livre dos céus, arrependimento por não conseguir levar comigo algumas das infelizes que viveram e sofreram ao meu lado e que acredito firmemente serem tão sanas quanto eu era e sou hoje.

Mas antes gostaria de afirmar uma coisa: Desde o instante em que entrei na ala dos insanos na ilha, não fiz nenhuma tentativa de manter o papel de insanidade que assumira. Falei e agi como faço na minha vida normal. Por mais estranho que pareça, quanto mais sãs eram minhas ações e minha conversa, mais louca era considerada por todos, exceto por um médico, cuja bondade e gentileza jamais esquecerei.

Capítulo II: Preparação para a Provação

Mas voltemos a meu trabalho e minha missão. Após receber minhas instruções, voltei a minha pensão e, ao cair da noite, comecei a ensaiar o papel no qual faria minha estreia no dia seguinte. Que tarefa mais difícil, pensei, se apresentar perante uma multidão e convencê-la de que era louca. Nunca havia me aproximado de pessoas insanas antes na vida e não fazia ideia de como seriam suas ações. E depois eu seria examinada por vários médicos instruídos, homens especializados em insanidade e que estão em contato diário com os loucos! Que chance teria eu de enganar esses médicos e convencê-los de que era maluca? Meu medo é que eles não poderiam ser tapeados. Comecei a pensar que minha tarefa estava fadada ao fracasso. Ainda assim, ela precisava ser tentada, então corri para o espelho e examinei meu rosto. Lembrei de tudo que havia lido sobre as ações dos loucos, como antes de mais nada todos têm um olhar fixo, então arregalei meus olhos ao máximo e encarei meu reflexo sem piscar. Posso garantir-lhes que a visão não era nada tranquilizadora, mesmo para mim mesma, especialmente no meio da madrugada. Tentei aumentar o gás, na esperança de ganhar coragem. Tive algum sucesso, mas me consolei com a ideia de que em poucas noites não estaria mais lá, e sim presa em uma cela com um bando de lunáticas.

O tempo não estava frio, mas quando pensei no que estava por vir, senti calafrios correndo pelas costas, em uma paródia da perspiração que se pouco a pouco acabava com os cachos da minha franja. Entre ensaiar na frente do espelho e imaginar meu futuro como lunática, eu lia passagens de histórias de fantasmas improváveis e impossíveis, de modo que quando o sol veio para expulsar a noite, senti que tinha o humor correto para minha missão, mas ainda faminta o suficiente para saber que queria meu café da manhã. Lenta e tristemente, tomei meu banho matinal e me despedi de alguns dos artigos mais preciosos da civilização moderna. Guardei minha escova de dentes com carinho e, quando me esfreguei pela última vez com o sabonete, murmurei:

— Pode ser por alguns dias e pode ser por... por mais tempo.

A seguir, vesti as roupas velhas que havia selecionado para a ocasião. Estava com o espírito de analisar tudo pela ótica da mais absoluta seriedade. Eu fazia muito bem em me despedir, decidi, pois quem saberia dizer o que a tensão de me fingir de louca e ficar presa com um grupo de malucas faria com meu próprio cérebro? Era possível que nunca mais voltasse. Mas jamais cogitei fugir de minha missão. Com muita calma, ou pelo menos parecendo calma, comecei minha loucura.

Primeiro decidi que seria melhor ir até uma pensão e, após obter um quarto, confessar à senhoria (ou senhorio, dependendo de quem fosse) que estava em busca de emprego e, alguns dias depois, aparentemente enlouquecer. Quando reconsiderei a ideia, fiquei com medo que ela demoraria demais para dar frutos. Foi então que decidi que seria muito mais fácil ir até uma pensão para trabalhadoras. Sabia que se fizesse uma casa cheia de mulheres acreditar que era maluca, elas não descansariam até eu estar longe delas e presa em um lugar seguro.

A partir de um diretório, selecionei o Lar Temporário para Mulheres, no número 84 da Segunda Avenida. Caminhando pela avenida, resolvi que depois de chegar ao Lar, faria todo o possível para dar início à minha jornada até a Ilha de Blackwell e ao Hospício.

Capítulo III: No Lar Temporário

Era chegado o momento de começar minha carreira como Nellie Brown, insana. Caminhando pela avenida, tentei assumir o olhar que as donzelas têm em imagens intituladas "Sonhando". Expressões distantes têm ares de loucura. Atravessei o pátio de concreto até a entrada do Lar e toquei a campainha, que era tão alta quanto os sinos de uma igreja. Fiquei aguardando nervosa a abertura da porta. Minha intenção era, em pouco tempo, ser expulsa através dela, levada pela caridade da polícia. A porta se escancarou com força e uma menina loira baixinha, de não mais do que treze verões, apareceu.

— A governanta está? — perguntei baixinho.

— Sim, está, mas está ocupada. Pode ir para a sala de estar dos fundos — a menina respondeu alto, sem demonstrar nenhuma alteração no rosto estranhamente maduro.

Segui essas instruções, não muito bondosas ou educadas, e fui parar em uma sala escura e desconfortável, onde fiquei à espera de minha anfitriã. Após pelo menos vinte minutos sentada, uma mulher magra, usando um vestido preto simples, apareceu à minha frente.

— E então? — ela exclamou.

— A senhora é a governanta? — perguntei.

— Não. A governanta está doente, eu sou a assistente. O que você quer?

— Quero ficar aqui por alguns dias, se tiverem vaga para mim.

— Bem, não temos quartos individuais, estamos lotadas, mas se estiver disposta a ocupar um quarto com outra garóta, isso posso fazer por você.

— Fico muito agradecida — respondi. — Quanto vocês cobram?

Eu trouxera apenas setenta centavos comigo, sabendo muito bem que quanto mais cedo meus fundos se exaurissem, mais cedo seria expulsa, e ser expulsa era o que queria.

— Cobramos trinta centavos por noite — foi sua resposta à minha pergunta.

Com isso, paguei por uma estadia e ela me abandonou, dizendo que tinha outro assunto para resolver. Deixada para me entreter como pudesse, fiz uma avaliação do meu ambiente.

Não era nada alegre. Guarda-roupa, escrivaninha, estante de livros, órgão e diversas cadeiras completavam a decoração da sala, na qual a luz do sol mal entrava.

Quando terminei de me familiarizar com meus aposentos, um sino, concorrente da campainha em termos de altura, começou a retinir no porão, e ao mesmo tempo as mulheres começaram a marchar escada abaixo de todas as partes da casa. Imaginei, pelos sinais óbvios, que o almoço estava servido, mas como ninguém me disse nada, não me esforcei para seguir o batalhão das famintas. Contudo, ainda queria que alguém me convidasse para descer. Sempre sinto saudade de casa quando sei que os outros estão comendo e não tive a chance, mesmo se não estou com fome. Fiquei feliz quando a assistente da governanta subiu e me perguntou se não queria comer. Respondi que queria e então perguntei qual era seu nome. Sra. Stanard, ela respondeu, e imediatamente anotei o nome no caderninho que levara para fazer anotações e o qual preenchera com várias páginas de baboseira para os cientistas que o encontrassem.

Assim preparada, passei a aguardar novos acontecimentos. Meu almoço, no entanto… me dirigi à escadaria, que não tinha tapetes ou carpetes, e segui a Sra. Stanard até o porão, onde um grande número de mulheres estava comendo. Ela me indicou um assento à mesa junto com três outras mulheres. A menininha de cabelos curtos que abrira a porta apareceu, trabalhando de garçonete. Com as mãos na cintura, me olhando envergonhada, perguntou:

— Ensopado de carneiro, ensopado de carne de gado, feijão, batata, café ou chá?

— Carne de gado, batata, café e pão — respondi.

— Pão entra — ela explicou, dirigindo-se para a cozinha, que ficava nos fundos.

Não demorou para que ela com o que eu havia pedido em uma bandeja grande e amassada, que atirou na minha frente. Comecei minha refeição simples. Não era muito apetitosa, então fingi comer e comecei a observar as outras.

Muito dei sermões sobre a forma repulsiva que a caridade sempre assume. Aqui estava eu, em um lar para mulheres dignas, e que piada era o nome. O piso estava nu e as mesinhas de madeira ignoravam totalmente qualquer acessório moderno, como verniz, polimento ou toalha. Nada adianta explicar como os tecidos de algodão são baratos e seus efeitos na civilização. Essas trabalhadoras honestas, no entanto, as mulheres de maior merecimento, precisam chamar essa miséria de "lar".

Quando a refeição terminou, todas as mulheres se dirigiram para a escrivaninha no canto, onde estava a Sra. Stanard, e pagaram suas contas. Recebi um bilhete vermelho esfarrapado, entregue por aquele remendo de humanidade que fora minha garçonete. A conta somava cerca de trinta centavos.

Depois da refeição, voltei ao térreo e reocupei meu lugar na sala dos fundos. Estava com muito frio e desconfortável e decidi que não conseguiria aguentar aquela situação por muito tempo, então quanto mais cedo assumisse minha loucura, mais cedo me libertaria daquele ócio forçado. Ah! Mas aquele foi o dia mais longo da minha vida. Fiquei parada, assistindo as mulheres sentadas no salão da frente, onde todas, exceto eu, estavam sentadas.

Uma não fazia nada além de ler, coçar a cabeça e ocasionalmente chamar "Georgie!" sem erguer os olhos do livro. "Georgie" era seu filho traquinas, que fazia mais barulho e arruaça do que qualquer criança que jamais encontrara na vida. Ele fazia tudo que era grosseiro e mal-educado, pensei, e a mãe nunca dizia nada a menos que outra pessoa gritasse com ele. Outra mulher sempre pegava no sono e acordava com os próprios roncos. Fiquei muito grata que ninguém mais acordava além dela mesma. A maioria ficava sentada sem fazer nada, mas algumas tricotavam e arrendavam sem parar. A campainha gigante parecia tocar o tempo inteiro, e com ela corria a menina de cabelos curtos. Esta, ainda por cima, era uma dessas meninas que está sempre cantando pedaços de todas as canções e hinos que foram compostos nos últimos cinquenta anos. Ainda existe martírio nos tempos modernos. A campainha trazia mais pessoas em busca de abrigo naquela noite. Exceto por uma mulher, que viera do interior em uma viagem de compras, eram todas trabalhadoras, algumas delas com filhos.

Quanto a noite se aproximou, a Sra. Stanard veio me procurar.

— O que há com você? Alguma tristeza, algum problema?

— Não — disse, quase chocada com a sugestão. — Por quê?

— Porque vejo no seu rosto — ela respondeu femininamente. — Ele conta uma história difícil.

— Sim, tudo é muito triste — disse distraída, que era como pretendia refletir minha loucura.

— Mas não deixe isso lhe incomodar. Todos temos nossos problemas, mas mais cedo ou mais tarde os superamos. Que tipo de trabalho você está procurando?

— Não sei, é tudo muito triste — respondi.

— Você gostaria de ser governanta de crianças, usar uma boina branca e um avental bem bonito? — ela perguntou.

Ergui meu lenço até o rosto para esconder um sorriso.

— Nunca trabalhei, não sei como se faz — respondi com a voz abafada.

— Mas você precisa aprender — ela insistiu. — Todas essas mulheres aqui trabalham.

— É mesmo? — sussurrei assombrada. — Elas parecem horríveis para mim, umas loucas. Tenho muito medo delas.

— Não são muito simpáticas — a outra concordou. — Mas são boas mulheres, honestas e trabalhadoras. Não ficamos com as loucas por aqui.

Mais uma vez usei meu lenço para esconder um sorriso, pensando que antes do sol nascer, ela consideraria que havia ao menos uma louca entre o rebanho.

— Elas parecem todas loucas — repeti. — Estou com medo delas. O mundo está cheio de gente louca, nunca se sabe o que eles vão fazer. Matam tanta gente e a polícia nunca pega os assassinos.

Terminei minha apresentação com um soluço que teria comovido uma plateia de críticos blasés. Ela deu um salto repentino, quase uma convulsão, e tive certeza que meu primeiro golpe acertara em cheio. Foi divertido ver quão pouco tempo ela demorou para se erguer da cadeira e sussurrar apressada:

— Depois eu volto para conversar com você.

Eu sabia que ela não voltaria, e não voltou.

Quando a campainha da janta tocou, segui todas as outras até o porão e fiz minha refeição noturna, muito parecida com o almoço, exceto pelo fato do cardápio ser menor e de haver mais pessoas, pois as mulheres que trabalhavam fora durante o dia estavam de volta. Depois do jantar, todas nos retiramos para os salões, onde ficamos sentadas, ou então de pé, já que não havia cadeiras o suficiente.

Foi uma noite horrivelmente solitária, e a luz que emanava do bico de gás no salão e do lampião na entrada ajudava a nos mergulhar em penumbra e manchava nossos espíritos de azul-marinho. Senti que não seria preciso me sujeitar a muitas inundações da atmosfera para que ficasse pronta para ser mandada ao lugar que estava trabalhando para entrar.

Observei duas mulheres, que pareciam ser as duas mais co-municativas do grupo, e escolhi-as para concretizar minha sal-vação, ou, para ser mais exata, minha condenação. Pedi licença e, declarando que estava solitária, perguntei se poderia me juntar à conversa. Elas concordaram graciosamente, então, ainda de chapéu e luvas, que ninguém me pedira para retirar, sentei-me e escutei a conversa tediosa daquelas mulheres, sem nunca participar, apenas tentando manter minha expressão triste e respondendo suas observações com "sim" ou "não" ou "não sei". Várias vezes, disse a elas que achava que todas na-quela casa pareciam malucas, mas demoraram a escutar mi-nha frase peculiar. Uma disse que seu nome era King e que vi-nha do sul, e então disse que meu sotaque era sulista. Ela me perguntou bruscamente se não era do sul também. Respondi que sim. A outra mulher começou a falar sobre os navios para Boston e me perguntou se sabia a que horas partiam.

Por um instante, esqueci meu papel de insana e informei o ho-rário correto de partida. Em seguida, ela me perguntou que trabalho eu pretendia fazer ou se já havia trabalhado antes. Respondi que achava muito triste que havia tantos trabalhado-res no mundo. Em resposta, ela disse que fora infeliz e que vi-era para Nova York, onde trabalhara corrigindo as provas de um dicionário de medicina, mas que sua saúde sofrera com a tarefa e que agora estava voltando para Boston. Quando a cri-ada veio nos dizer que era hora de dormir, afirmei que estava com medo e repeti mais uma vez que todas as mulheres daquela casa pareciam loucas. A ama insistiu que eu fosse me deitar. Perguntei se não poderia ficar sentada nas escadas.

— Não — ela respondeu decidida. — Desse jeito, todo mundo ia achar que você é maluca.

Finalmente, permiti que me levassem para um quarto.

Neste momento, preciso apresentar por nome uma nova personagem da minha narrativa: a mulher que fora revisora e que estava prestes a voltar para Boston. Seu nome era Sra. Caine, uma mulher tão corajosa quanto era bondosa. A Sra. Caine entrou em meu quarto, sentou-se e conversou comigo por bastante tempo, soltando meu penteado com delicadeza. Ela tentou me convencer a me despir e ir dormir, mas teimei em dizer que não. Durante esse período, diversas hóspedes da casa foram se reunindo ao nosso redor, expressando-se de diversas maneiras:

— Pobre louca!

— Mas é maluca!

— Estou com medo de ficar com uma maluca dessas aqui dentro.

— Ela vai matar todas nós de madrugada.

Uma das mulheres defendia que chamassem um policial para me levar imediatamente. Todas estavam absolutamente aterrorizadas.

Ninguém queria se responsabilizar por mim e a mulher que deveria ocupar o quarto comigo declarou que não ficaria com "aquela maluca" por todo o dinheiro dos Vanderbilts. Foi então que a Sra. Caine disse que ficaria comigo. Eu disse a ela que gostaria disso, então ela foi deixada comigo. Não se despiu, apenas deitou na cama, atenta a meus movimentos, e tentou me convencer a me deitar. Eu estava com medo disso, no entanto, pois sabia que se aceitasse, pegaria no sono e teria os sonhos pacíficos e agradáveis de um bebê. Eu correria o risco, para usar uma gíria, de "me dedurar". Assim, insisti em ficar sentada na lateral da cama, olhando fixamente para o nada. Minha pobre companheira acabou presa em um estado de infelicidade terrível. De poucos em poucos minutos, erguia-se para me espiar. Ela disse que meus olhos tinham um brilho terrível e começou a me fazer perguntas: onde eu morara, desde quando estava em Nova York e o que tinha feito, entre muitas outras coisas. A todas essas perguntas, eu dava sempre a mesma resposta: dizia que esquecera de tudo, que não conseguia lembrar de nada desde que a dor de cabeça começara.

Pobre criatura! Como foi cruel o modo como a torturei, e quanta bondade ela tinha no coração! Mas como torturei todas! Uma teve um pesadelo comigo. Depois que havia passado uma hora no quarto, tomei um susto quando escutei uma mulher gritando no quarto ao lado. Comecei a imaginar que já estava em um hospício.

A Sra. Caine acordou, olhou para os lados, assustada, e prestou atenção. Ela saiu da cama e foi até o quarto ao lado. Eu conseguia escutar ela fazendo perguntas para a outra mulher. Quando voltou, me contou que a mulher havia tido um pesadelo horroroso. Ela sonhara comigo. Pelo que a Sra. Caine contou, ela me vira correndo com uma faca na mão para matá-la. Tentando fugir de mim, tivera a sorte de conseguir gritar, acordando a si mesma e espantando seu pesadelo. Depois disso, a Sra. Caine voltou para a cama, muito agitada, mas com muito sono.

Eu também estava cansada, mas tinha me preparado para trabalhar e estava decidida a permanecer acordada a noite toda para efetuar meu fingimento e atingir meu objetivo pela amanhã. Quando ouvi o toque da meia-noite, pensei que ainda teria de esperar seis horas pelo nascer do sol. O tempo passou com uma lentidão atroz. Os minutos pareciam horas. Os barulhos da casa e da avenida morreram.

Com medo de que o sono seria convincente demais, comecei a analisar a história de minha vida. Tudo parece tão estranho! Um incidente, mesmo que nada trivial, é apenas mais um elo que nos acorrenta a um destino imutável. Comecei pelo começo e repassei toda a minha história. Velhos amigos foram relembrados com prazer; velhos inimigos, velhas dores no coração, velhas alegrias se fizeram presentes mais uma vez. As páginas viradas de minha vida foram desviradas e o passado se fez presente.

Com isso terminado, reuni minha coragem e comecei a pensar sobre o futuro, imaginando, primeiro, o que aconteceria no dia seguinte, depois fazendo planos sobre como executar meu projeto. Tentei imaginar se conseguiria atravessar o rio e realizar minha estranha ambição, tornando-me prisioneira das alas povoadas por minhas irmãs mentalmente arruinadas. E depois de entrar, como seria minha experiência? E depois disso? Como sair?

— Bah! — disse comigo mesma. — Vão me tirar de lá.

Foi a maior noite de minha existência. Por algumas horas, fiquei frente a frente comigo mesma.

Olhei pela janela e recebi com alegria o primeiro raio trêmulo da aurora. A luz foi ficando mais forte e cinzenta, mas o silêncio ainda era incrivelmente forte. Minha companheira dormia. Eu ainda tinha uma hora ou duas para passar. Felizmente, encontrei alguma utilidade para minhas atividades mentais. No cativeiro, Robert Bruce ganhara confiança no futuro e passara seu tempo, com todo o prazer possível sob suas circunstâncias, assistindo a famosa aranha construir sua teia. Eu tinha pestes menos nobres com as quais me interessar. Contudo, creio que fiz algumas descobertas valiosas para a história natural. Estava prestes a pegar no sono, apesar de toda a minha resistência, quando um susto me deixou desperta. Achei que havia escutado algo se arrastar e cair sobre o cobertor com um baque surdo.

Tive a oportunidade de estudar esses animais interessantes minuciosamente. Claramente, haviam chegado em busca de café da manhã e ficaram muito decepcionados ao descobrir que seu prato principal não estava a sua espera. Chisparam pelo travesseiro, se reuniram, pareceram realizar um diálogo deveras interessante e agiram, em todos os aspectos, como se estivessem confusos pela ausência de um desjejum apetitoso sobre a cama. Após uma última consulta prolongada, as criaturas finalmente desapareceram em busca de outras vítimas. Só me restou passar os longos minutos dando atenção às baratas, cujo tamanho e agilidade me deixaram surpresa.

Minha companheira de quarto estava em sono profundo havia bastante tempo, mas então acordou e ficou surpresa em me ver ainda acordada e aparentemente cheia de energia. Demonstrou a solidariedade de sempre, aproximando-se de mim e segurando minhas mãos na tentativa de me consolar, e então me perguntou se eu não queria voltar para casa. Ela me manteve no quarto até quase todas as moradoras terem saído e então me levou até o porão em busca de café e um pão. Depois dessa refeição silenciosa, voltei para meu quarto, onde fiquei sentada, me lamentando. A Sra. Caine foi ficando cada vez mais ansiosa.

— O que fazer? — ela exclamava. — Onde estão seus amigos?

— Não, não tenho amigos — respondi. — Mas tenho malas. Onde elas estão? Eu quero as minhas malas.

A boa senhora tentou me acalmar, dizendo que as malas seriam encontradas mais cedo ou mais tarde. Ela achava que eu era louca.

Mas eu a perdoo. É apenas depois que se está em apuros que percebe-se como a bondade e a solidariedade estão em falta neste mundo. As mulheres no Lar que não tinham medo de mim quiseram se divertir às minhas custas, então ficaram me incomodando com perguntas e observações que, se eu realmente fosse louca, teriam sido cruéis e desumanas. Foi apenas essa mulher, a bela e delicada Sra. Caine, que demonstrou qualquer sentimento feminino real. Ela fez com que as outras parassem de me provocar e trocou de cama com a mulher que se recusava a dormir ao meu lado. Ela protestou contra a sugestão de me deixar sozinha e de me trancar a noite toda para que não machucasse ninguém, insistiu em permanecer comigo para prestar qualquer auxílio que viesse a ser necessário, penteou meu cabelo, banhou meu cenho e falou comigo no tom que uma mãe usaria com uma filha doente. Usando de todos os meios possíveis, tentou me fazer ir para a cama e descansar, e quando chegou a manhã ela se ergueu e colocou um cobertor a minha volta, com medo de que passasse frio. Finalmente, deu-me um beijo na testa e sussurrou, cheia de compaixão:

— Pobrezinha! Pobrezinha!

Como admirei a bondade e a coragem daquela mulherzinha. Como quis reconfortá-la e sussurrar que não era louca. E como torci para que, se alguma pobre menina tivesse a infelicidade de ser o que eu apenas fingia, ela encontrasse uma pessoa dona do mesmo espírito humanitário que a Sra. Ruth Caine.

Capítulo IV: O Juiz Duffy e a Polícia

Mas voltemos à minha história. Continuei interpretando meu papel até a Sra. Stanard, a assistente da governanta, aparecer. Ela tentou me convencer a permanecer calma. Comecei a perceber que queria me tirar da casa a todo custo, mas discretamente, se possível. Isso eu não queria. Não saí do lugar, repetindo sempre meu refrão sobre as malas perdidas. Finalmente, alguém sugeriu que um policial fosse chamado. Depois de algum tempo, a Sra. Stanard vestiu seu toucado e saiu. Com isso, soube que estava avançando em direção ao lar de insanidade. A mulher não demorou a voltar, trazendo consigo dois policiais, homens altos e fortes, que entraram no quarto sem cerimônia, claramente esperando encontrar uma louca violenta. O nome de um deles era Tom Bockert.

Quando entraram, fingi que não os vi.

— Quero que vocês levem ela embora sem escândalo — a Sra. Stanard disse.

— Se não vier quieta, vou arrastá-la pela rua — um dos homens respondeu.

Continuei sem lhes dar atenção, mas com certeza não queria criar um escândalo fora da casa. Felizmente, a Sra. Caine apareceu para me resgatar. Ela contou aos policiais que eu havia reclamado sobre malas perdidas, e juntos eles criaram um plano para fazer com que os acompanhasse calmamente, dizendo que iriam comigo procurar meus pertences. Eles me perguntaram se iria. Respondi que estava com medo de ir sozinha. A Sra. Stanard disse que me acompanharia e combinou com os dois policiais para que nos seguissem a uma distância respeitosa. Ela amarrou meu véu e nós saímos da casa pelo porão, seguindo para o outro lado da cidade com os policiais atrás de nós. Fomos caminhando em silêncio até chegarmos à delegacia, que aquela boa senhora me garantiu ser um escritório de entregas onde certamente encontraríamos meus pertences. Entrei no edifício tremendo de medo, e com bom motivo.

Alguns dias antes, eu conhecera o Capitão McCullagh em uma reunião na Cooper Union. Naquela ocasião, havia pedido algumas informações. Se estivesse na delegacia, ele me reconheceria? Se sim, a ideia de entrar no hospício da ilha estaria perdida. Baixei meu chapéu de marinheiro tudo o que pude sobre o rosto e me preparei para a provação. Para o meu azar, o corpulento Capitão McCullagh estava na entrada, junto à escrivaninha.

Ele me observou atentamente enquanto o oficial na escrivaninha conversava baixinho com a Sra. Stanard e o policial que me trouxera.

— Você é Nellie Brown? — perguntou o oficial.

Respondi que sim.

— De onde você veio?

Respondi que não sabia, mas então a Sra. Stanard forneceu diversas informações sobre mim. Ela contou sobre meus modos estranhos em seu lar, sobre como passara a noite inteira acordada e que, na sua opinião, eu era uma pobre infeliz enlouquecida pelo tratamento desumano. Depois de uma conversa entre a Sra. Stanard e os dois policiais, Tom Bockert recebeu a ordem de nos levar até o tribunal em um carro.

— Pode vir — Bockert disse. — Vou achar suas malas para você.

Fomos todos juntos, a Sra. Stanard, Tom Bockert e eu. Eu disse que era muita bondade deles me acompanhar e que não esqueceria disso tão cedo. Enquanto caminhávamos, fui repetindo meu refrão sobre as malas, misturado com observações ocasionais sobre a sujeira das ruas e a aparência curiosa das pessoas que encontrávamos no caminho.

— Acho que nunca vi gente assim na vida. Quem são? — perguntei.

Meus companheiros olharam para mim com expressões de piedade. Evidentemente, achavam que eu era uma estrangeira, uma emigrante ou algo do tipo. Eles disseram que as pessoas ao meu redor eram trabalhadores. Observei mais uma vez que achava que havia trabalhadores demais no mundo para a quantidade de trabalho que havia para ser feita. Depois dessa frase, o oficial P. T. Bockert olhou para mim com muita atenção. Claramente, ele achava que minha mente não tinha salvação. Passamos por vários outros policiais, a maioria dos quais perguntou a meus guardiões o que havia de errado comigo. A essa altura, um certo número de crianças maltrapilhas havia começado a nos seguir, fazendo observações sobre mim que eram originais e divertidas.

— Pegaram ela por quê?

— Ei, tira, onde cês pegaram ela?

— Onde é que cês acharam ela?

— Mas que belezura!

A pobre Sra. Stanard ficou mais amedrontada do que eu. A situação foi ficando interessante, mas eu ainda temia meu encontro com o juiz.

Finalmente, chegamos a um prédio baixo, onde Tom Bockert teve a bondade me informar:

— Este é o escritório de entregas. Agora vamos encontrar essas suas malas.

A entrada do edifício estava cercada por um grupo de curiosos, mas como não acreditava que meu caso fosse tão ruim que pudesse passar por eles sem alguma observação, perguntei se toda aquela gente havia perdido suas malas também.

— Sim — ele respondeu. — Quase todos estão procurando suas malas.

— Eles também parecem ser todos estrangeiros.

— Sim — Tom respondeu. — São todos estrangeiros que acabam de chegar. Perderam suas malas e nós gastamos quase todo o nosso tempo ajudando a achá-las.

Entramos no Tribunal de Polícia de Essex Market. A questão da minha sanidade ou insanidade finalmente seria decidida. O Juiz Duffy estava sentado atrás de uma escrivaninha alta, com um olhar que parecia sugerir que distribuía a essência da bondade humana por atacado. Eu temia não ter o destino que buscava por causa da bondade que via em cada ruga e cada linha de seu rosto. Eu estava cada vez mais ansiosa. Depois que Tom Bockert fez sua apresentação sobre o caso, segui a Sra. Stanard quando ela foi convocada para se apresentar.

— Venha cá — disse um oficial. — Qual é o seu nome?

— Nellie Brown — respondi com um sotaque discreto. — Perdi minhas malas e gostaria que você as encontrasse.

— Quando você veio para Nova York? — perguntou.

— Eu não vim para Nova York — respondi (adicionando mentalmente: "porque estou aqui há algum tempo".)

— Mas você está em Nova York — o homem disse.

— Não — eu disse, parecendo tão incrédula quanto imaginava que uma louca pareceria. — Não vim para Nova York.

— Essa menina veio do oeste — ele disse em um tom que me fez tremer. — Tem sotaque do oeste.

Um dos ouvintes desse breve diálogo afirmou que havia morado no sul e que meu sotaque era sulista, enquanto outro oficial tinha certeza que eu vinha do leste. Fiquei aliviada quando o primeiro se virou para o juiz e disse:

— Senhor juiz, estamos perante o caso peculiar de uma jovem que não sabe quem é ou de veio. É melhor que o senhor resolva o caso de imediato.

Comecei a tremer, e não só de frio, então olhei para os lados. Havia uma multidão estranha ao meu redor, composta de homens e mulheres mal vestidos, e em seus rostos estavam estampadas histórias de vidas difíceis, abuso e pobreza. Alguns falavam alegremente com os amigos, enquanto outros estavam sentados com um olhar de desesperança absoluta. O tribunal também tinha alguns oficiais bem-vestidos e bem alimentados que assistiam a cena passivamente, quase indiferentes. Para eles, era uma história antiga. Mais uma infeliz estava sendo adicionada a um longo rol, uma lista que há muito tempo deixara de interessar ou preocupar qualquer um deles.

— Venha cá, menina, e levante esse véu — o Juiz Duffy chamou, usando um tom que me surpreendeu; não imaginei que aquele rosto bondoso fosse capaz de ser tão áspero.

— Com quem o senhor está falando? — perguntei com toda a altivez.

— Venha cá, minha cara, e levante o véu. Se a Rainha da Inglaterra estivesse aqui, ela também precisaria erguer seu véu — ele disse, muito mais bondoso.

— Assim está muito melhor — respondi. — Não sou a Rainha da Inglaterra, mas vou erguer meu véu.

Quando o fiz, o pequeno juiz olhou para mim e, usando um tom muito gentil e caridoso, perguntou:

— Minha filha, o que houve?

— Não houve nada, só perdi minhas malas. Este homem prometeu me levar até onde elas estavam — eu disse, indicando o policial Bockert.

— O que você sabe sobre esta menina? — o juiz perguntou em um tom grave para a Sra. Stanard, que estava ao meu lado, pálida e trêmula.

— Não sei de nada, exceto que chegou ao lar ontem e pediu para se hospedar por uma noite.

— O lar! O que você quer dizer por "o lar"? — o Juiz Duffy perguntou rapidamente.

— É um lar temporário para mulheres trabalhadoras que fica no número 84 da Segunda Avenida.

— Qual é o seu cargo lá?

— Eu sou assistente da governanta.

— Muito bem, conte o que sabe sobre o caso.

— Quando cheguei ao lar ontem, notei ela descendo pela avenida, sozinha. Eu acabara de entrar quando a campainha soou e ela apareceu. Quando conversamos, ela queria saber se poderia passar a noite, e eu disse que sim. Depois de um tempo, ela disse que todas as pessoas dentro da casa pareciam malucas e que tinha medo delas. Depois, começou a se recusar a ir para a cama. Passou a noite inteira acordada.

— Ela tinha dinheiro?

— Sim — respondi no lugar dela. — Paguei tudo, e nunca comi nada tão ruim na vida.

Essa frase provocou um sorriso geral, além de um murmúrio de "ela não é maluca nessa coisa da comida".

— Pobrezinha — o Juiz Duffy disse. — Ela está bem vestida e é uma dama. Seu inglês é perfeito, apostaria qualquer coisa que é uma boa menina. Tenho certeza que é a queridinha de alguém.

Essa declaração provocou uma risada geral. Eu mesma precisei cobrir o rosto com um lenço e me esforcei para segurar a gargalhada que ameaçava estragar meus planos, apesar de minhas decisões.

— Quis dizer que ela é a filha querida de alguma mãe — o juiz consertou sem demora. — Alguém deve estar procurando por ela. Pobrezinha, vou ser bom para ela, pois lembra minha falecida irmã.

Houve um silêncio momentâneo e os oficiais me lançaram um olhar mais caridoso. Em silêncio, abençoei o bom coração daquele juiz, desejando que todas as pobres criaturas afligidas pelo mal que eu fingia ter tivessem que lidar com um homem tão bondoso quanto era o Juiz Duffy.

— Eu queria que os repórteres estivessem aqui — ele disse afinal. — Eles descobririam alguma coisa sobre a menina.

Fiquei aterrorizada com a ideia, pois se existe alguém capaz de desvendar um mistério, é um repórter. Achei que seria melhor enfrentar uma multidão de médicos especialistas, policiais e detetives do que dois espécimes brilhantes de minha profissão. Foi por isso que disse:

— Não entendo por que isso tudo é necessário para vocês me ajudarem a achar minhas malas. Esses homens são atrevidos e não quero que fiquem me encarando. Vou embora, não quero ficar aqui.

Com, isso baixei meu véu e torci em segredo para que os repórteres se atrasassem por qualquer motivo até eu ser enviada ao hospício.

— Não sei o que fazer com essa pobre menina — o juiz disse, preocupado. — É preciso que tomem conta dela.

— Mande-a para a ilha — sugeriu um dos oficiais.

— Não! — a Sra. Stanard disse, claramente alarmada. — Não! Ela é uma dama. Vai morrer se for mandada para a ilha.

Tive vontade de sacudir aquela boa senhora. Imagine, a ilha era exatamente o local que desejava alcançar, e ali estava ela tentando me impedir de ser mandada para lá! Era muita bondade dela, mas naquelas condições, era enervante.

— Algo de errado aconteceu aqui — o juiz afirmou. — Creio que a menina foi drogada e trazida para esta cidade. Prepare os documentos, ela será enviada a Bellevue para ser examinada. Em alguns dias, o efeito da droga provavelmente passará e ela será capaz de contar uma história chocante. Se ao menos os repórteres estivessem aqui!

Eu os temia, então disse algo sobre não querer mais ser objeto de todos aqueles olhares. O Juiz Duffy disse a Bockert que eu deveria ser levada ao escritório dos fundos. Quando nos acomodamos, o Juiz Duffy entrou e me perguntou se meu lar ficava em Cuba.

— Sim — respondi com um sorriso. — Como você sabia?

— Ah, eu sabia, minha cara. Diga-me, onde era? Em que parte de Cuba?

— Na *hacienda* — respondi.

— Ah! — disse o juiz. — Em uma fazenda. Você lembra de Havana?

— *Sí, señor* — respondi. — Fica perto da minha casa. Como você sabia?

— Oh, sim, conheço muito bem. Quem sabe você me diz o nome da sua casa? — ele perguntou, persuasivo.

— É isso que esqueço — respondi tristonha. — Tenho uma dor de cabeça o tempo inteiro, e faz com que me esqueça das coisas. Não quero que me incomodem. Todo mundo fica me fazendo perguntas, isso faz minha cabeça piorar.

E era verdade.

— Ninguém mais vai incomodá-la. Sente-se aqui e descanse — o juiz disse, simpático, e me deixou sozinha com a Sra. Stanard.

Foi então que um oficial entrou junto com um repórter. Fiquei muito amedrontada, temendo que seria reconhecida como jornalista.

— Não quero ver repórter nenhum — eu disse, virando a cabeça para o outro lado. — Não vou ver ninguém, o juiz disse que não era para me incomodarem.

— Nada de insano nisso — disse o homem que trouxera o repórter, e os dois saíram da sala juntos.

Mais uma vez, tive um ataque de medo. Teria ido longe demais ao recusar o repórter? Minha sanidade fora detectada? Se dera a impressão de ser sã, estava determinada a desfazê-la, então dei um salto e comecei a correr ao redor do escritório. A Sra. Stanard se agarrou ao meu braço, aterrorizada.

— Não vou ficar aqui. Eu quero minhas malas! Por que tanta gente me incomoda?

Continuei com isso até o cirurgião de ambulância aparecer, acompanhado pelo juiz.

Capítulo V: Declarada Insana

— Temos no tribunal uma pobre menina que foi drogada — o juiz explicou. — Ela se parece com a minha irmã e qualquer um enxerga que é boazinha. Estou interessado na menina e faria por ela tanto quanto se fosse minha própria filha. Quero que seja gentil com ela — ele disse para o cirurgião de ambulância.

A seguir, voltando-se para a Sra. Stanard, perguntou se eu não poderia permanecer com ela por alguns dias, até meu caso ser investigado. Felizmente, ela respondeu que não poderia, pois todas as mulheres do Lar tinham medo de mim e iriam embora se fosse mantida lá. Tive muito medo de que ela permaneceria comigo se o pagamento fosse garantido, então disse algo sobre a má qualidade da comida e que não pretendia voltar para o Lar. A seguir, começou meu exame. O médico parecia inteligente e eu não tinha esperança alguma de enganá-lo, mas estava resolvida a continuar com a farsa.

— Ponha a língua para fora — ele ordenou, grosseiro.

Ri comigo mesma com a ideia.

— Ponha a língua para fora quando eu mandar — ele disse.

— Não quero — respondi honestamente.

— Mas precisa. Você está doente e eu sou um doutor.

— Não estou doente nem nunca estive. Só quero minhas malas.

Mas coloquei a língua para fora, que ele observou judiciosamente. A seguir, mediu meu pulso e escutou os batimentos do meu coração. Não fazia ideia de como bate o coração de uma pessoa insana, então prendi a respiração enquanto ele escutava até que, quando o exame terminou, fiquei ofegante para me recuperar. A seguir, ele experimentou o efeito da luz sobre as pupilas de meus olhos. Erguendo a mão a um centímetro do meu rosto, me mandou olhar para ela e então puxou-a bruscamente e examinou meus olhos. Também estava perplexa sobre como a insanidade aparecia nos olhos, então decidi que, sob essas circunstâncias, o melhor seria encarar. Foi o que fiz. Mantive meus olhos cravados naquela mão e, quando ele a removeu, me esforcei o quanto pude para não deixar que meus olhos piscassem.

— Que drogas você está tomando? — ele me perguntou.

— Drogas! — repeti, admirada. — Eu não sei o que são drogas.

— As pupilas dos olhos dela estão dilatadas desde que chegou ao Lar. Não mudaram nenhuma vez — a Sra. Stanard explicou.

Tentei imaginar como ela sabia se minhas pupilas haviam mudado ou não, mas permaneci em silêncio.

— Creio que ela tem usado beladona — o doutor afirmou, e pela primeira vez fiquei grata de ser um pouco míope, o que obviamente explica a dilatação de minhas pupilas.

Considerei que poderia contar a verdade se isso não fosse prejudicar meu caso, então informei o médico que era míope, que não estava doente, que nunca estivera doente e que ninguém tinha o direito de me prender enquanto queria encontrar minhas malas. Eu queria ir para casa. Ele escreveu por muito tempo em um livro fino e comprido e então disse que ia me levar para casa. O juiz disse para me levarem e serem bons comigo, para dizerem o mesmo à equipe do hospital e também pedir que fizessem todo o possível por mim. Se ao menos tivéssemos mais homens como o Juiz Duffy, as pobres infelizes não passariam toda a vida nas trevas.

Comecei a ter mais confiança em minhas habilidades, já que agora um juiz, um médico e toda uma multidão haviam me declarada insana, então fiquei muito alegre em colocar meu véu quando fui informada que seria levada de carruagem e que depois poderia ir para casa.

— Fico muito contente em ir com vocês — eu disse, e era verdade. Estava contente mesmo.

Mais uma vez protegida por Bockert, atravessei o pequeno tribunal lotado. Estava muito orgulhosa de mim mesma quando saí pela porta lateral e entrei no beco onde a ambulância estava à espera. Próximo aos portões trancados, havia um escritoriozinho ocupado por diversos homens e por livros enormes. Todos entramos ali e, quando começaram a me fazer perguntas, o médico interrompeu a conversa e disse que tinha todos os documentos e que não adiantaria nada continuar me questionando, pois eu não saberia responder. Foi um grande alívio, pois meus nervos já estavam à flor da pele. Um homem grosseiro quis me colocar na ambulância, mas recusei sua ajuda com tanta firmeza que o médico e o policial ordenaram que ele desistisse e fizeram essa cortesia eles mesmos. Não entrei na ambulância sem reclamar. Observei que nunca havia visto aquele modelo de carruagem na vida e que não queria viajar nela, mas depois de algum tempo deixei que me convencessem do contrário, como sempre fora minha intenção.

Nunca vou esquecer aquela viagem. Depois de ser colocada sobre o cobertor amarelo, o doutor entrou e sentou-se junto à porta. Os grandes portões se abriram e a multidão de curiosos que se reunira abriu caminho para a ambulância, que foi saindo de ré. Ah, como tentaram espiar a suposta maluca! O médico viu que eu não queria ser um espetáculo para aquela gente e teve a consideração de fechar as cortinas, sem esquecer de consultar meus desejos sobre isso. Mesmo assim, as pessoas não se afastaram. As crianças foram correndo atrás de nós, gritando uma infinidade de gírias e tentando olhar por baixo das cortinas. Foi um passeio muito interessante, mas também extremamente doloroso. Segurei-me, ainda que não houvesse

muito a que se segurar, e o cocheiro foi dirigindo como se te-
messe que alguém iria nos alcançar.

Capítulo VI: No Hospital de Bellevue

Finalmente chegamos a Bellevue, minha terceira parada no caminho até a ilha. Fora bem-sucedida em minhas provações no lar e no Tribunal de Polícia de Essex Market e agora estava confiante no futuro. A ambulância deu uma freada súbita e o doutor saltou para fora.

— Quantas você trouxe? — ouvi alguém perguntar.

— Apenas uma, para o pavilhão — foi a resposta.

Um homem de aparência grosseira apareceu e me agarrou, tentando me arrastar para fora como se eu tivesse a força de um elefante e estivesse disposta a resistir. O médico, ao ver minha reação enojada, ordenou que o homem me deixasse em paz, dizendo que ele próprio cuidaria de mim. Com isso, ergueu-me com cuidado para fora do coche e pude caminhar com toda a graciosidade de uma rainha, passando pela multidão de curiosos que se reunira para ver a chegada da nova infeliz. Junto com o médico, entrei em um escritoriozinho escuro onde vários homens estavam trabalhando. Um deles, atrás da escrivaninha, abriu um livro e começou a fazer a mesma longa série de perguntas que eu já havia encontrado tantas vezes.

Recusei-me a responder e o médico disse que não seria necessário me incomodar mais, pois todos os documentos estavam preenchidos e eu era insana demais para fornecer qualquer informação relevante. Fiquei aliviada com a facilidade que encontrara. Apesar de ainda decidida, começara a me sentir tonta devido à falta de comida. Nesse momento, foi dada a ordem para que fosse levada ao pavilhão dos insanos, então um homem musculoso apareceu e me agarrou tão forte pelo braço que uma dor irradiou pelo meu corpo. Fiquei furiosa, e por um instante esqueci meu papel.

— Como ousa encostar em mim?! — gritei, virando-me para ele.

Em resposta, ele me soltou um pouco, e eu o afastei com mais força do que sabia ter.

— Não irei com ninguém além deste homem — disse, apontando para o cirurgião de ambulância. — O juiz disse que ele cuidaria de mim, não vou com mais ninguém.

Em resposta, o cirurgião disse que me levaria. Saímos de braços dados, seguindo o homem que fora tão grosseiro comigo. Atravessamos o jardim bem cuidado e finalmente chegamos à ala dos insanos. Uma enfermeira de boina branca estava preparada para me receber.

— Esta menina está aqui à espera do barco — o cirurgião disse, e começou a ir embora.

Implorei que não fosse, ou que me levasse consigo, mas ele respondeu que queria almoçar antes e que eu deveria esperar por ele. Quando insisti em acompanhá-lo, ele alegou que precisava auxiliar em uma amputação e que não seria bom para mim estar presente nessa situação. Era evidente que ele acreditava estar lidando com uma pessoa insana. Nesse momento, os gritos de loucura mais horríveis ecoaram do jardim nos fundos. Apesar de toda a minha bravura, senti um calafrio com a ideia de ser presa com uma criatura que realmente era louca. O doutor evidentemente percebeu meu nervosismo, pois se voltou para a atendente e disse:

— Como os carpinteiros são barulhentos.

Virando-se para mim, ofereceu a seguinte explicação: novos edifícios estavam sendo construídos e o ruído vinha de alguns dos operários envolvidos no projeto. Eu disse que não queria ficar ali sem ele e, para me apaziguar, ele prometeu voltar em breve. O médico foi embora e eu finalmente me tornei moradora de um hospício.

Parei junto à porta e contemplei a cena à minha frente. O longo corredor, sem tapetes ou carpetes, tinha sido escovado até adquirir aquela brancura peculiar encontrada apenas em instituições públicas. Nos fundos, grandes portas de ferro encontravam-se cadeadas. Diversos bancos rígidos e cadeiras de vime representavam o único mobiliário do local. Em ambos os lados do corredor, portas levavam ao que eu imaginava ser, e descobri serem, quartos. À direita da porta de entrada havia uma pequena sala de estar para as enfermeiras, enquanto no outro lado ficava a sala onde as refeições eram distribuídas. Uma enfermeira de vestido preto, boina branca e avental, armada com um molho de chaves, estava encarregada do lugar. Logo descobri seu nome: Srta. Ball.

Uma senhora irlandesa era a criada de serviços gerais. Ouvi ela ser chamada de Mary e fico feliz em saber que aquele lugar inclui uma mulher de tão bom coração. Da parte dela, recebi apenas bondade e a mais absoluta consideração. Havia apenas três pacientes, como são chamadas, no local. Eu seria a quarta. Decidi que podia começar meu trabalho imediatamente, pois ainda esperava que o primeiro doutor que encontrasse me declararia sã e me mandaria de volta para o mundo. Assim, dirigi-me ao fundo da sala, apresentei-me para uma das mulheres e pedi que contasse sua história. Seu nome, disse ela, era Srta. Anne Neville, e ela adoecera por excesso de trabalho. Trabalhava como camareira, mas quando sua saúde se deteriorou, foi enviada a um Lar das Irmãs para ser tratada. Seu sobrinho, que era garçom, estava desempregado; sem ter como pagar suas despesas no Lar, arranjou sua transferência para Bellevue.

— Você também sofre de algo mentalmente? — perguntei.

— Não. Os médicos andam me fazendo muitas perguntas esquisitas e me confundem o tempo inteiro, mas não tem nada de errado com o meu cérebro.

— Você sabia que apenas pessoas insanas são mandadas para este pavilhão? — perguntei.

— Sim, eu sei, mas não tenho o que fazer. Os médicos se recusam a me escutar, e não adianta nada falar com as enfermeiras.

Satisfeita por diversos motivos que a Srta. Neville era tão sã quanto eu própria, transferi minhas atenções para uma das outras pacientes. Ela precisava de cuidados médicos e era mentalmente apatetada, ainda que já tenha conhecido muitas mulheres das classes mais baixas, cuja sanidade jamais é questionada, que não demonstravam maior inteligência.

A terceira paciente, a Sra. Fox, não dizia muito. Era bastante quieta e, após me informar que seu caso não tinha salvação, recusou-se a falar. Comecei a ter mais certeza de minha posição e concluí que médico nenhum me convenceria de minha sanidade enquanto tivesse alguma esperança de completar minha missão. Uma enfermeira baixinha, de pele alva, chegou, vestiu a sua boina e então disse à Sra. Ball que deveria ir almoçar. A nova enfermeira, chamada Srta. Scott, aproximou-se de mim e disse com aspereza:

— Tire o chapéu.

— Não vou tirar meu chapéu — respondi. — Estou esperando pelo barco, não vou removê-lo.

— Você não vai ir em barco nenhum, tanto faz saber disso agora ou depois. Você está em um hospício.

Apesar de estar absolutamente ciente do fato, ouvir aquelas palavras sem enfeites ou rodeios me deu um choque.

— Não queria vir para cá, não estou doente, não sou louca. Não vou ficar.

— Vai demorar muito para sair daqui se não obedecer — a Srta. Scott respondeu. — Pode ir tirando o chapéu, ou vou ter que usar a força. Se não conseguir, só preciso tocar uma campainha para ter ajuda. Agora vai tirar?

— Não, não vou. Estou com frio, quero ficar de chapéu e você não pode me obrigar a tirá-lo.

— Vou lhe dar mais alguns minutos. Se não tirá-lo sozinha, vai ter que ser à força. E vou avisando, não será nada delicado.

— Se tirar meu chapéu, vou tirar sua boina. E então?

A Srta. Scott foi chamada para a porta nesse instante e fiquei com medo que uma demonstração de compostura poderia indicar sanidade demais, então tirei meu chapéu e luvas e fiquei sentada em silêncio, olhando para o nada até ela voltar. Estava com fome e fiquei muito satisfeita em ver que Mary estava começando a preparação para o almoço. O trabalho era simples: ela apenas puxou um banco reto junto a uma mesa sem toalha e ordenou que as pacientes se reunissem em torno do banquete; a seguir, trouxe um pratinho de lata com um pedaço de carne cozida e uma batata. A comida não estaria mais fria se tivesse sido cozinhada na semana anterior e jamais tivera a chance de encontrar sal ou pimenta. Como eu não ia à mesa, Mary se dirigiu ao canto onde estava sentada. Enquanto distribuía comida do pratinha de lata, perguntou:

— Você tem alguma moedinha, querida?

— O quê? — disse, surpresa.

— Você tem alguma moedinha, querida, que poderia me dar? Vão tirar de você de qualquer jeito, querida, então não faz diferença dar elas para mim.

Agora entendi exatamente a situação, mas não pretendia recompensar Mary logo no início, temendo que isso influenciaria o tratamento que ela me daria. Respondi que perdera minha bolsa, o que era verdade. Apesar de não ter dado dinheiro algum, Mary não foi menos bondosa comigo. Quando reclamei do prato de lata no qual trouxera minha comida, ela buscou um de porcelana. Quando foi impossível consumir a comida que apresentara, ela me trouxe um copo de leite e uma bolacha de água e sal.

Todas as janelas da sala estavam abertas e o ar frio começou a afetar meu sangue sulista. Quando o frio estava quase insuportável, reclamei para a Srta. Scott e a Srta. Ball, mas sua resposta brusca foi que eu estava em uma instituição de caridade e não devia esperar demais. Todas as outras mulheres sofriam do frio e as próprias enfermeiras precisavam vestir roupas pesadas para se aquecer. Perguntei se poderia deitar-me.

— Não! — responderam.

Finalmente, a Srta. Scott buscou um velho xale cinza e, depois de espantar as traças, mandou que eu o colocasse.

— Esse xale não parece muito bom — respondi.

— Bem, algumas pessoas se dariam melhor se não fossem tão orgulhosas — a Srta. Scott disse. — Quem depende de caridade não deveria esperar nada e não pode reclamar.

Coloquei o xale, roído por traças e bolorento como era, ao meu redor, e sentei-me em uma cadeira de vime, tentando imaginar o que aconteceria a seguir, se morreria de frio ou sobreviveria. Meu nariz estava gelado, então cobri metade da cabeça e quase peguei no sono, mas, de repente, o xale foi puxado do meu rosto. A Srta. Scott estava à minha frente, acompanhada de um homem estranho que depois revelou-se ser um médico.

— Já vi esse rosto antes — foi o modo como me cumprimentou.

— Então você me conhece? — perguntei, demonstrando uma animação que não sentia.

— Creio que sim. De onde você vem?

— De casa.

— Onde fica a sua casa?

— Você não sabe? Em Cuba.

Ele sentou-se ao meu lado, mediu meu pulso e examinou minha língua.

— Conte à Srta. Scott sua história — ele pediu afinal.

— Não, não vou falar com mulheres.

— O que você faz em Nova York?

— Nada.

— Você pode trabalhar?

— Não, *señor*.

— Diga-me, você é uma mulher das ruas?

— Não estou entendendo — respondi, nauseada.

— Quero dizer, você permite que homens a sustentem?

Senti vontade de lhe dar uma bofetada, mas precisava manter minha compostura.

— Não sei do que você está falando — respondi simplesmente. — Sempre morei em casa.

Depois de muitas outras perguntas, todas igualmente inúteis e disparatadas, ele me deixou e foi conversar com a enfermeira.

— Absolutamente demente — disse. — Não vejo nenhuma esperança para o caso. Ela precisa ser colocada em algum lugar onde alguém tomará conta dela.

E assim passei pelo meu segundo especialista médico.

Depois disso, comecei a ter menos apreço do que nunca pela capacidade dos médicos, e mais pela minha própria. Agora tinha certeza que médico nenhum tinha como saber se as pesso-as são insanas ou não, desde que o caso não seja violento.

Durante a tarde, um menino e uma mulher apareceram. A mulher sentou-se em um banco, enquanto o menino entrou e conversou com a Srta. Scott. Logo em seguida, ele saiu, acenou adeus para a mulher, que era sua mãe, e foi embora. Ela não parecia insana, mas como era alemã, não pude descobrir sua história. Seu nome, entretanto, era Louise Schanz. Parecia per-dida, mas quando as enfermeiras lhe colocaram para costurar, a mulher trabalhou bem e com rapidez. Às três da tarde, todas as pacientes receberam um caldo, e às cinco uma xícara de chá e um pedaço de pão. Eu recebi tratamento especial: quando vi-ram que não conseguia comer o pão ou beber o líquido ao qual davam o nome de chá, deram-me um copo de leite e uma bolacha, assim como haviam feito ao meio-dia.

Quando o gás estava sendo aceso, outra paciente foi adiciona-da ao grupo, uma jovem de vinte e cinco anos. Ela me disse que estava acamada até então, e sua aparência confirmava a história. Parecia alguém que sofrera de um ataque de febre gravíssimo.

— Agora estou sofrendo de uma debilidade nervosa, meus amigos me enviaram aqui para ser tratada.

Não contei a ela onde estava, e ela parecia bastante satisfeita. Às seis e quinze, a Srta. Ball disse que queria ir embora, então todas precisaríamos nos deitar. Cada uma de nós, que agora éramos seis, foi colocada em um quarto e precisou se despir. Lá, recebi uma camisola curta de flanela de algodão para usar durante a noite. Depois disso, a enfermeira recolheu todos os itens que eu vestira durante o dia, fez uma trouxa na qual ano-tou "Brown" e saiu. A janela tinha grades de ferro e estava trancada. A Srta. Ball, depois de me fornecer um cobertor adi-cional, o que, segundo ela, era um favor raramente concedido na instituição, foi embora e me deixou sozinha. A cama não era confortável. De tão rígida, eu sequer conseguia amassá-la.

O travesseiro era recheado de palha. Sob os lençóis, encontrei uma colcha de oleado. A noite foi esfriando, então tentei aquecer o oleado. Tentei e tentei, mas quando amanheceu, a cama ainda estava tão fria quanto no instante em que me deitei, e também me reduzira à temperatura de um iceberg. Era impossível, fui forçada a desistir.

Esperava descansar um pouco nessa primeira noite em um hospício, mas estava fadada a me decepcionar. Quando as enfermeiras noturnas chegaram, estavam curiosas em me ver e descobrir como eu era. Logo que saíram, ouvi alguém na minha porta perguntando por Nellie Brown. Comecei a tremer, sempre com medo de que minha sanidade seria revelada. Escutando a conversa, descobri que era um repórter atrás de mim. Ouvi ele pedir minha trouxa de roupas para que pudesse analisá-la. Continuei escutando a conversa sobre mim com ansiedade e fiquei aliviada ao descobrir que era considerada uma louca incurável. Fiquei encorajada. Depois que o repórter foi embora, ouvi a chegada de novas pacientes e também que um doutor estava presente e pretendia falar comigo. Não sabia por que motivo ele queria me ver e fiquei imaginando coisas horríveis, exames e tudo mais. Quando entraram no meu quarto, eu tremia por mais do que medo.

— Nellie Brown, este é o médico. Ele quer falar com você — a enfermeira informou.

Se isso era tudo que queria, decidi que era capaz de suportar o encontro. Removi o cobertor com o qual tapara minha cabeça de susto e olhei para cima. A visão era encorajadora.

O médico era um homem jovem e bonito, com os ares e o tom de um cavalheiro. Há quem tenha criticado essa ação, mas tenho certeza que, mesmo que tenha sido um tanto indiscreto, o jovem doutor tinha apenas boas intenções para comigo. Ele deu um passo, sentou-se na ponta da cama e colocou o braço sobre meus ombros. Interpretar o papel de louca para esse homem era uma tarefa terrível, e apenas uma menina conseguiria se solidarizar com a minha situação.

— Como vai esta noite, Nellie? — perguntou, simpático.

— Estou bem.

— Mas você está doente — ele disse.

— Estou? — respondi, e virei minha cabeça no travesseiro para sorrir.

— Quando você saiu de Cuba, Nellie?

— Ah, você conhece a minha casa? — perguntei.

— Sim, conheço bem. Não lembra de mim? Eu lembro de você.

— Lembra? — e, mentalmente, disse que não o esqueceria.

Ele estava acompanhado de um amigo que nunca abriu a boca, apenas me observou enquanto fiquei deitada. Depois de diversas perguntas, todas as quais respondi honestamente, ele me deixou. Logo vieram outros problemas, no entanto. As enfermeiras passaram a noite inteira lendo em voz alta umas para as outras e as outras pacientes, assim como eu, não conseguiam dormir. Elas marchavam a cada hora ou meia hora, as botas ressoando como as de um batalhão de cavalaria pelo corredor, e examinavam cada uma das pacientes. Obviamente, isso nos ajudava a permanecer acordadas. Quando a manhã se aproximou, começaram a bater ovos para o café da manhã e o som fez com que percebesse a fome horrível que estava sentindo. De tempos em tempos, ouvíamos berros e choros da ala masculina, o que não ajudou a passar a noite mais alegremente. Finalmente, a campainha da ambulância que trazia mais infelizes soou, dando o sinal para o fim da vida e da liberdade. Assim passei minha primeira noite como uma das insanas em Bellevue.

Capítulo VII: O Objetivo em Vista

Às seis da manhã de domingo, 25 de setembro, as enfermeiras arrancaram meus cobertores.

— Anda, está na hora de sair da cama — disseram, abrindo a janela para deixar entrar um vento gelado.

Minhas roupas foram devolvidas. Depois de me vestir, fui levada a uma pia, onde todas as outras pacientes tentavam arrancar de seus rostos os sinais do sono. Às sete, recebemos um prato horrível que, segundo Mary nos informou, seria caldo de galinha. O frio, que já havia nos feito sofrer o suficiente no dia anterior, era cruel. Quando reclamei para a enfermeira, esta respondeu que umas das regras da instituição era não ligar o aquecimento até outubro, então precisaríamos suportá-lo, já que a tubulação de vapor sequer estava em condições de ser usada. A seguir, as enfermeiras da noite se armaram com tesouras e começaram a manicure das pacientes. Cortaram minhas unhas bem curtinhas, assim como as de várias outras pacientes. Logo em seguida, um médico jovem e bonito apareceu e fui levada à sala de estar.

— Qual é o seu nome? — ele perguntou.

— Nellie Moreno — respondi.

— Então por que deu o sobrenome de Brown? — perguntou.
— O que há de errado com você?

— Nada. Eu não queria vir para cá, fui trazida. Quero ir embora. Você vai me deixar sair?

— Se sairmos, você vai ficar comigo? Não vai fugir de mim quando chegar na rua?

— Não posso prometer que não vou — respondi, sorrindo e suspirando, pois ele era bonito.

O doutor fez várias outras perguntas. Eu enxergava rostos na parede? Ouvia vozes? Respondi como pude.

— Você ouve vozes à noite? — ele perguntou.

— Sim, conversam tanto que não consigo dormir.

— Achei que sim — ele disse consigo mesmo, e então me perguntou: — O que dizem essas vozes?

— Bem, nem sempre as escuto. Às vezes, muitas vezes, elas falam de Nellie Brown, mas também de outros assuntos que não me interessam tanto — respondi honestamente.

— Isso basta — ele disse para a Srta. Scott, que estava no lado de fora.

— Posso ir embora? — perguntei.

— Sim — respondeu, rindo satisfeito. — Logo vamos mandá-la embora.

— Aqui é muito frio, quero sair.

— É verdade — ele disse para a Srta. Scott. — O frio aqui dentro é quase insuportável. Vai ter casos de pneumonia se não tomar cuidado.

Com isso, fui levada da sala e outra paciente entrou. Sentei ao lado da porta e esperei para escutar como ele testaria da sanidade das outras pacientes. Com poucas variações, o exame foi exatamente igual ao meu. Todas as pacientes ouviram as mesmas perguntas: se viam rostos nas paredes, se ouviam vozes, o que elas diziam. Também devo acrescentar que todas as pacientes negaram essas aberrações visuais e auditivas. Às dez horas, recebemos uma caneca de caldo de carne sem sal; ao meio-dia, um pedaço de carne fria e uma batata; às três, uma xícara de mingau de aveia; às cinco e meia, uma xícara de chá e uma fatia de pão sem manteiga. Estávamos todas com frio e famintas. Depois que o médico foi embora, as enfermeiras nos deram xales e nos mandaram caminhar de um lado para o outro nos corredores para nos aquecermos. Durante o dia, o pavilhão foi visitado por diversas pessoas que tinham curiosidade em ver a maluca de Cuba. Mantive minha cabeça coberta, alegando estar com frio, temendo que algum dos repórteres me reconhecesse. Alguns visitantes estavam em busca de uma menina desaparecida, então várias vezes foi pedido que eu retirasse o xale. Depois que me olhavam, diziam "não conheço ela" ou "não é ela", pelo qual ficava secretamente grata. O Diretor O'Rourke me visitou e testou suas habilidades em um exame. Depois, em diversas ocasiões, ele trouxe algumas mulheres bem-vestidas e cavalheiros para observar a misteriosa Nellie Brown.

Os repórteres foram o maior incômodo. Eram tantos! E eram todos tão espertos, fiquei morrendo de medo que algum percebesse minha sanidade. Foram bondosos e simpáticos comigo, e sempre muito gentis nas suas perguntas. Minha visita da noite interior veio até a janela enquanto alguns repórteres me entrevistavam na sala de estar e disse à enfermeira que permitisse que se encontrassem comigo, pois ajudariam a encontrar alguma pista da minha identidade.

Durante a tarde, o Dr. Field veio me examinar. Fez poucas perguntas, uma das quais não tinha nenhuma relevância para um caso como o meu. A pergunta principal foi sobre meu lar e meus amigos, se tivera namorados ou já fora casada. A seguir, mandou-me esticar os braços e mover os dedos, o que fiz sem a menor hesitação, mas depois ouvi ele dizer que meu caso não tinha solução. As outras pacientes ouviram as mesmas perguntas.

Quando o médico estava prestes a deixar o pavilhão, a Srta. Tillie Mayard descobriu que estava na ala dos insanos. Ela foi até o Dr. Field e perguntou por que fora enviada para lá.

— Você acaba de descobrir que está em um hospício? — o doutor perguntou.

— Sim. Meus amigos disseram que estavam me mandando para uma ala de convalescentes, onde seria tratada para a debilidade nervosa da qual sofro desde que adoeci. Quero sair deste lugar imediatamente.

— Bem, você não vai sair tão cedo — ele disse com uma risadinha.

— Se você sabe de alguma coisa, então vai perceber que sou perfeitamente sã — ela respondeu. — Por que não aplica um teste?

— Já sabemos tudo que precisamos nessa questão.

Com isso, o médico foi embora, deixando aquela pobre mulher condenada ao hospício, provavelmente pelo resto da vida, sem lhe dar a menor chance de provar sua sanidade.

A noite de domingo apenas repetiu a de sábado. Passei a madrugada inteira acordada por causa da conversa das enfermeiras e de seus passos pesados pelos corredores sem tapetes. Na manhã de segunda-feira, fomos informadas que seríamos levadas à uma e meia. As enfermeiras me perguntaram várias e várias vezes onde morava e todas pareciam ter a ideia de que um amante havia me expulsado e arruinado meu cérebro. Vários repórteres apareceram naquela manhã, trabalhando sem descansar para obter alguma novidade. A Srta. Scott se recusou a deixar que me vissem, no entanto, ao que fiquei grata. Se tivessem tido livre acesso à minha pessoa, meu mistério provavelmente não teria durado muito tempo, pois vários deles me conheciam de vista. O Diretor O'Rourke apareceu para uma última visita e uma breve conversa comigo. Ele escreveu seu nome em meu caderno, dizendo à enfermeira que eu esqueceria de tudo em uma hora. Sorri e pensei que não tinha certeza disso. Outras pessoas vieram me visitar, mas nenhuma delas me conhecia ou sabia dar alguma informação sobre mim.

Era meio-dia. Quanto mais se aproximava o momento de partir para a ilha, mais nervosa ficava. Temia cada nova chegada, com medo de ter meu segredo revelado no último instante. Entregaram-me um xale e meu chapéu e luvas. Mal consegui vesti-los, tal era o estado dos meus nervos. Finalmente chegou o atendente e eu dei adeus a Mary, colocando "umas moedinhas" em suas mãos.

— Deus lhe abençoe — ela disse. — Vou rezar por você. Alegre-se, moça. Você é jovem, vai superar isso.

Respondi que esperava que sim e então dei adeus à Srta. Scott em espanhol. O atendente grosseiro torceu seus braços em torno dos meus e me levou, quase arrastou, até a ambulância. Um grupo de estudantes se reunira para nos admirar. Coloquei o xale sobre meu rosto e me acomodei no coche, agradecida. As Srtas. Neville e Mayard e as Sras. Fox e Schanz foram colocadas uma a uma depois de mim. Um homem entrou conosco, as portas foram trancadas e o coche atravessou o portão em grande estilo, em direção ao Hospício e à vitória! As pacientes não cometeram nenhuma tentativa de fuga. O hálito do atendente bastava para deixar qualquer um tonto.

Quando chegamos ao cais, tamanha era a multidão em torno do coche que a polícia precisou ser chamada para afastá-la e nos deixar alcançar o barco. Fui a última da procissão. Fui escoltada pela prancha, e a brisa fresca do rio soprava o bafo de uísque do atendente até me fazer cambalear. Entrei em uma cabine suja, onde minhas companheiras estavam sentadas em um banco estreito. As janelinhas estavam fechadas e, com o cheiro daquele quarto imundo, a atmosfera era sufocante. Em uma das pontas da cabine, um pequeno beliche estava em condição tão terrível que precisei segurar meu nariz quando me aproximei. Uma menina doente foi colocada nele. Uma senhora idosa, com um toucado enorme e uma cesta suja cheia de nacos de pão e restos de carne, completava nossa companhia. A porta era guardada por duas atendentes. A primeira usava um vestido feito de forro de colchão, a segunda com alguma tentativa de estilo. Eram mulheres gigantescas e vulgares, escarrando suco de tabaco no convés com mais habilidade do que charme. Uma dessas criaturas terríveis parecia ter muita fé no poder do olhar dirigido contra os insanos, pois quando qualquer uma de nós se mexia ou se levantava para olhar pela janela, a atendente dizia "sentada", franzia o cenho e nos encarava com um olhar simplesmente aterrorador. Enquanto guardavam a porta, elas conversavam com alguns homens do lado de fora, discutindo o número de pacientes e suas próprias vidas de um modo que não tinha nada de salutar ou de refinado.

O barco parou e a velha senhora e a menina doente foram retiradas. O resto de nós recebeu a ordem de ficarmos sentadas. Na próxima parada, minhas companheiras foram tiradas do barco, uma a uma. Eu fui a última, e pareceu necessário que um homem e uma mulher me conduzissem pela prancha até a praia. Uma ambulância estava à nossa espera, e dentro dela, as quatro outras pacientes.

— O que é este lugar? — perguntei ao homem, que tinha os dedos cravados no meu braço.

— A Ilha de Blackwell, um lugar louco de onde você nunca vai sair.

Com isso, fui atirada para dentro da ambulância, o trampolim foi colocado, um oficial e um carteiro saltaram na traseira e fui levada rapidamente em direção ao Hospício da Ilha de Blackwell.

Capítulo VIII: Dentro do Manicômio

Enquanto o coche atravessava rapidamente o lindo gramado que levava ao hospício, meu sentimento de satisfação por ter atingido meu objetivo foi sendo refreado pelo olhar deprimido nos rostos de minhas companheiras. As pobres mulheres não tinham esperança alguma de uma salvação imediata. Sem culpa nenhuma, estavam sendo levadas à prisão, provavelmente perpétua. Em comparação, seria muito mais fácil subir à forca do que entrar nessa tumba de horrores vivos! O coche foi adiante e eu, assim como minhas camaradas, dei um último adeus desesperado à liberdade quando avistamos os longos edifícios de pedra. Quando passamos por um dos prédios baixos, o fedor foi tão horrível que fui forçada a prender a respiração; mentalmente, decidi que era a cozinha. Mais tarde, descobri que estava correta em minha dedução, e sorri quando enxerguei a placa no final da trilha: "Proibidos visitantes nesta estrada". Creio que a placa seria desnecessária se os visitantes tentassem seguir a estrada uma vez que fosse, especialmente em um dia de calor.

O coche parou e a enfermeira e o oficial encarregado nos mandaram descer.

— Graças a Deus, vieram quietas! — a enfermeira completou.

Obedecemos à ordem de subir um lance de degraus de pedra estreitos, evidentemente destinados àquelas pessoas que gostam de subir escadas de três em três. Curiosa em saber se minhas companheiras sabiam onde estávamos, perguntei à Srta. Tillie Mayard:

— Onde estamos?

— No Hospício de Lunáticos da Ilha de Blackwell — ela respondeu tristonha.

— Você é louca? — perguntei.

— Não, mas como fomos mandadas para cá, precisamos ficar quietas até descobrirmos algum jeito de fugir. Não vai ser fácil, no entanto, se todos os médicos forem como o Dr. Field e se recusarem a me ouvir e não me derem nenhuma chance de provar minha sanidade.

Fomos levadas até um vestíbulo estreito e a porta foi trancada atrás de nós.

Apesar da certeza sobre minha própria sanidade e da garantia de que seria solta em alguns dias, meu coração sentiu uma pontada. Declarada insana por quatro médicos especialistas e trancada atrás das grades implacáveis de um manicômio! Não ser confinada sozinha, mas ter por companhia, noite e dia, lunáticas insensatas e tagarelas; dormir com elas, comer com elas, ser considerada uma delas era uma posição nada confortável. Com muita timidez, seguimos as enfermeiras pelo corredor sem tapetes até uma sala cheia de mulheres supostamente loucas. Ela mandou-nos sentar e algumas pacientes fizeram a bondade de abrir espaço para nós. Elas nos olharam com curiosidade e uma se aproximou de mim.

— Quem mandou você para cá? — perguntou.

— Os doutores — respondi.

— Por quê? — ela insistiu.

— Bem, dizem que sou insana — admiti.

— Insana! — ela repetiu, incrédula. — Você não tem cara de louca.

Essa mulher era esperta demais, concluí, e fiquei contente em responder as ordens berradas de seguir a enfermeira e ver o doutor. Essa enfermeira, a propósito, a Srta. Grupe, tinha um rosto alemão simpático, e se eu não tivesse detectado certos traços de dureza em sua boca, teria esperado, como fizeram minhas companheiras, receber apenas bondade dela. A enfermeira nos deixou sozinhas em uma pequena sala de espera no fim do corredor enquanto entrou no escritório que se abria para a recepção.

— Gosto de ir até o coche — ela disse para o interlocutor invisível no lado de dentro. — Ajuda a quebrar a rotina.

Ele respondeu que o ar livre ajudava sua aparência e ela voltou para nós com um sorriso afetado.

— Tillie Mayard, venha cá — ela disse.

A Srta. Mayard obedeceu. Apesar de não ver o interior do escritório, eu conseguia ouvi-la defender seu caso em um tom gentil, mas firme. Todas as suas afirmações eram absolutamente racionais e imaginei que médico algum deixaria de se impressionar com sua história. Ela contou sobre a doença recente e que sofria de uma debilidade nervosa. Implorou que realizassem todos os testes de insanidade que tinham, se tinham algum, e que lhe dessem justiça. Pobrezinha, como eu tinha pena dela! Decidi naquele instante que minha missão no futuro seria usar todos os meios ao meu dispor para ajudar minhas irmãs em sofrimento, que mostraria como são trancafiadas sem um julgamento justo. Sem ouvir uma palavra de solidariedade ou encorajamento, ela foi trazida de volta aonde estávamos sentadas.

A Sra. Louise Schanz foi levada até o Dr. Kinier.

— Seu nome? — ele perguntou em voz alta.

Ela respondeu em alemão, dizendo que não falava inglês e que não o entendia. Contudo, quando ele disse "Sra. Louise Schanz", ela respondeu "ja, ja". A seguir, ele tentou outras perguntas, mas quando viu que ela não entendia uma palavra que fosse de inglês, se virou para a Srta. Grupe e disse:

— Você é alemã, fale com ela por mim.

A Srta. Grupe se revelou uma daquelas pessoas que têm vergonha da própria nacionalidade e se recusou, dizendo que entendia muito pouco do idioma materno.

— Eu sei que você fala alemão. Pergunte a essa mulher o que o marido faz da vida — e ambos riram, como se ele tivesse feito uma piada.

— Falo muito pouco — ela reclamou, mas finalmente conseguiu descobrir a profissão do Sr. Schanz.

— E de que adiantou mentir para mim? — o doutor continuou, com um sorriso que negava a grosseria da pergunta.

— Não posso falar mais nada — ela disse, e não falou.

Foi dessa maneira que a Sra. Louise Schanz acabou confinada ao hospício, sem a chance de se fazer compreendida. Qual seria a desculpa para tamanho descuido quando é tão fácil obter um intérprete? Se o confinamento fosse por apenas alguns dias, seria possível questionar sua necessidade. Mas aquela mulher fora levada do mundo livre para um hospício sem dar seu consentimento e lá não teve nenhuma chance de provar sua sanidade. Muito provavelmente presa pelo resto da vida atrás das grades do hospício, sem mesmo ser informada do porquê em seu próprio idioma. Compare o caso com o de um criminoso, que recebe todas as chances de provar sua inocência. Quem não preferiria ser um assassino e correr o risco do que ser declarado insano, sem nenhuma esperança de fugir? A Sra. Schanz implorou em alemão para saber onde estava, implorou por liberdade. Entre soluços, foi levada de volta até nós sem jamais ser ouvida.

A seguir, foi a vez da Sra. Fox de passar por esse exame fraco e trivial e sair do escritório condenada, então a Srta. Annie Neville. Fui deixada por último mais uma vez. A essa altura, estava decidida a agir da mesma maneira que quando em liberdade, exceto que me recusaria a contar quem era ou onde morava.

Capítulo IX: O Trabalho de um Especialista(?)

— Nellie Brown, o doutor quer falar com você — a Srta. Grupe disse.

Entrei e me mandaram sentar em frente ao Dr. Kinier, junto à escrivaninha.

— Qual é o seu nome? — ele perguntou sem erguer os olhos.

— Nellie Brown — respondi de imediato.

— Onde você mora? — continuou, escrevendo o que eu dissera em um livro enorme.

— Em Cuba.

— Ah!

Entendendo subitamente o que estava acontecendo, ele se virou para a enfermeira:

— Viu alguma coisa sobre ela nos jornais?

— Sim — ela respondeu. — Vi uma reportagem sobre essa menina no *Sun* de domingo.

— Fique com ela aqui enquanto vou no escritório ler a notícia de novo.

Ele nos deixou e fui roubada de meu chapéu e xale. Quando voltou, disse que não conseguira achar o jornal, mas recontou para a enfermeira o que lembrava da história da minha estreia.

— Qual é a cor dos olhos dela?

A Srta. Grupe olhou e respondeu "cinza", apesar de sempre terem me dito que meus olhos eram castanhos ou castanhos esverdeados.

— Quantos anos você tem? — ele perguntou.

— Fiz dezenove em maio.

— Quando é o seu próximo passe?

A pergunta fora feita para a enfermeira; pelo que entendi, o termo se referia a sua próxima folga.

— Sábado que vem — ela disse, rindo.

— Você vai até a cidade?

Ambos riram quando ela respondeu que sim.

— Meça ela — mandou.

Fui colocada sob um medidor de estatura, que foi apertado contra minha cabeça.

— Qual é o resultado? — o doutor perguntou.

— Você sabe que não sei dizer — ela disse.

— Sabe sim, vá em frente. Qual é a altura?

— Não sei. Tem uns números ali, mas não sei o que são.

— Sabe sim. Olhe de novo e me diga.

— Não consigo, olhe você mesmo.

E os dois riram de novo. O médico saiu de trás da escrivaninha e se aproximou para conferir o resultado.

— Um metro e sessenta e cinco centímetros, não está vendo? — ele disse, tomando sua mão e indicando os números.

Pelo tom de voz, soube que ainda não entendia, mas nada disso me preocupava, pois o médico parecia ter prazer em ajudá-la. Em seguida, fui colocada sobre a balança e a enfermeira remexeu o aparelho até os pesos se equilibrarem.

— Quanto? — o médico perguntou, voltando para a escrivaninha.

— Não sei. Vai ter que ver por si mesmo — ela respondeu, chamando-o pelo primeiro nome, que esqueci.

Ele se virou e, também chamando-a pelo prenome, disse:

— Você está ficando muito saidinha! — e os dois riram.

Disse o peso à enfermeira (51 kg), que por sua vez informou o doutor.

— Que horas você vai jantar? — ele perguntou, e ela respondeu.

O médico deu mais atenção à enfermeira do que a mim e fez seis perguntas a ela para cada uma que fez a mim. Por fim, anotou meu destino no livro à sua frente.

— Não estou doente e não quero ficar aqui — declarei. — Ninguém tem o direito de me prender desta maneira.

Ele não deu atenção à minha fala. Tendo completado suas anotações, e também sua conversa com a enfermeira naquela sessão, disse que aquilo bastava. Junto com minhas companheiras, fui levada de volta à sala de estar.

— Você toca piano? — elas perguntaram.

— Sim, sim, desde criancinha — respondi.

Insistiram que eu tocasse, posicionando-me em um banco de madeira perante um piano quadrado antiquado. Toquei algumas notas e a resposta desafinada foi um rangido que ecoou nos meus ossos.

— Que horrível — exclamei, e virei-me para a enfermeira ao meu lado, a Srta. McCarten. — Nunca vi um piano tão desafinado.

— Mas que peninha — ela disse, maldosa. — Vamos ter que encomendar um especialmente para você.

Comecei a tocar as variações de *Home! Sweet Home*. A conversa parou e todas as pacientes ficaram sentadas em silêncio enquanto meus dedos gelados se moviam lenta e dolorosamente sobre o teclado. Terminei a canção, desajeitada, e recusei todos os pedidos de tocar mais. Sem ter um lugar disponível onde sentar, continuei ocupando a cadeira em frente ao piano enquanto avaliava o ambiente.

Era uma sala longa e vazia, com bancos amarelos simples ao redor. Esses bancos, todos perfeitamente retos, e igualmente desconfortáveis, tinham espaço para cinco pessoas, apesar de que quase sempre havia seis amontoadas neles. As janelas gradeadas, erguidas a cerca de um metro e meio do chão, davam para as duas portas duplas que levavam ao corredor. A brancura das paredes era aliviada em parte por três litografias, uma de Fritz Emmet e as outras de músicos pintados de negros. No centro da sala havia uma grande mesa coberta com um cobertor branco, em torno da qual ficavam sentadas as enfermeiras. Tudo estava limpíssimo e pensei que as enfermeiras deviam ser excelentes trabalhadoras, para manter o lugar tão em ordem. Alguns dias depois, ri da minha própria estupidez, pensando que as enfermeiras faziam algum trabalho. Quando estas descobriram que eu não iria mais tocar, a Srta. McCarten veio até mim.

— Saia já daqui — exclamou com grosseria, e então fechou o piano.

— Brown, venha cá — foi a próxima ordem que recebi, de uma mulher vulgar e de rosto avermelhado sentada junto à mesa. — O que você está vestindo?

— Minhas roupas — respondi.

Ela ergueu meu vestido e minhas saias e anotou: um par de sapatos, um par de meias, um tecido de pano, um chapéu de marinheiro de palha e assim por diante.

Capítulo X: Meu Primeiro Jantar

Depois que o exame terminou, ouvimos alguém gritar "vão para o corredor!" Uma das pacientes teve a bondade de nos explicar que este era o convite para o jantar. Nós, as atrasadas, tentamos acompanhar, então entramos no corredor e ficamos paradas junto à porta onde todas as mulheres estavam aglomeradas. Como tremíamos! As janelas estavam abertas e o ar gelado corria pelo corredor. As pacientes estavam azuis de frio e os minutos foram se acumulando até somarem um quarto de hora. Por fim, uma das enfermeiras apareceu para destrancar a porta, que nos levou até a plataforma no final da escadaria. Mais uma vez, ficamos paradas diretamente em frente a uma janela aberta.

— Que imprudência das atendentes, deixar todas essas mulheres mal-vestidas aqui nesse frio — a Srta. Neville disse.

— É de uma brutalidade horrível — completei enfaticamente, olhando para as pobres e loucas prisioneiras que tremiam de frio.

Observando aquelas mulheres, pensei que não teria um jantar agradável. Pareciam tão perdidas, tão desesperançadas. Algumas tagarelavam coisas sem sentido para interlocutores invisíveis, outras riam ou choravam sem motivo. Uma velha senhora grisalha me cutucava e, com piscadelas e acenos sábios com a cabeça e gestos patéticos com os olhos e as mãos, me garantia que não deveria dar bola para aquelas pobres criaturas. Eram todas loucas, afinal.

— Parem junto ao aquecedor — veio a ordem. — E façam fila de duas em duas.

— Mary, arranje uma companheira.

— Quantas vezes vou ter que mandar ficarem na fila?

— Parada.

Enquanto as ordens eram anunciadas, empurrões e puxões eram administrados entre as pacientes, muitas vezes com um safanão na orelha. Depois dessa terceira e última parada, fomos levadas até uma sala de jantar longa e estreita, onde todas correram para a mesa.

A mesa ia de uma ponta à outra da sala e era descoberta e desconvidativa. As pacientes sentavam-se em bancos longos sem costas sobre os quais precisavam se arrastar para ficarem de frente para a mesa. Lado a lado sobre a mesa havia diversas tigelas enormes recheadas de alguma coisa rosada que as pacientes diziam ser chá. Ao lado de cada tigela estava um pedaço de pão, cortado em fatias grossas cobertas de manteiga. Um pequeno pires com cinco uvas passas acompanhava o pão. Uma mulher gorda se adiantou, arrancou vários pires das pacientes ao seu redor e despejou as passas no próprio. Depois, segurando firme sua própria tigela, ergueu outra e engoliu seu conteúdo com um gole só. Em seguida, fez o mesmo com uma segunda tigela em menos tempo do que seria necessário para contar a história. Fiquei tão admirada com aquele roubo que quando olhei para minha própria parcela daquela refeição, a mulher à minha frente, sem ao menos pedir licença, agarrou meu pão e me deixou sem nada.

Quando viu isso acontecer, outra paciente me ofereceu o seu, mas agradeci a bondade e fui pedir mais para a enfermeira. Ela atirou um pedaço sobre a mesa e fez uma piada, dizendo que eu havia esquecido onde morava, não como se come. Experimentei o pão, mas a manteiga era intragável. Uma menina alemã no outro lado da mesa me informou que eu poderia comer o pão sem nada se quisesse e que poucas pacientes conseguiam comer a manteiga. Voltei minha atenção para as uvas passas e descobri que algumas poucas seriam mais do que suficientes. Uma paciente pediu que eu lhe desse as minhas, e foi o que fiz. Meu chá era tudo que sobrara. Tomei um gole, e um gole bastou. O chá não tinha açúcar e parecia ter sido feito em cobre. De tão fraco, era quase água. Entreguei a tigela para outra paciente faminta, apesar da advertência que a Srta. Neville me deu:

— Você precisa comer à força ou vai acabar doente — ela disse. — E num lugar desses, é capaz até de ficar louca. Para cuidar do cérebro é preciso cuidar do estômago.

— É impossível comer aquilo — respondi e, apesar de sua insistência, não comi nada naquela noite.

As pacientes não precisaram de muito tempo para consumir tudo que havia de comestível sobre a mesa e logo recebemos a ordem de nos enfileirarmos no corredor. Quando terminamos de nos organizar, as portas foram destrancadas e a nova ordem foi de nos dirigirmos para a sala de estar. Muitas das pacientes ficaram ao nosso redor e mais uma vez tanto elas quanto as enfermeiras insistiram que eu tocasse piano. Para agradar as pacientes, prometi tocar, enquanto a Srta. Tillie Mayard cantaria. A primeira canção que ela me pediu foi *Rock-a-bye Baby*, o que atendi. Seu canto foi maravilhoso.

Capítulo XI: No Banho

Mais algumas canções e nos mandaram acompanhar a Srta. Grupe. Fomos levadas a um banheiro frio e úmido e recebemos a ordem de nos despir. Eu reclamei? Nunca me esforcei tanto na vida quanto na tentativa de recusar. Disseram que se não me despisse, usariam a força e que o resultado não seria nada gentil. Foi quando notei uma das mulheres mais loucas da ala parada junto à banheira cheia, segurando um trapo desbotado nas mãos. Ela matraqueava consigo mesma e soltava gargalhadas quase demoníacas. Agora eu sabia qual seria meu destino. Fiquei arrepiada. Começaram a me despir, tirando minhas roupas, uma a uma. Finalmente, me sobrou apenas uma peça.

— Não vou removê-la — disse com veemência, mas a arrancaram.

Olhei para o grupo de pacientes que estava reunido junto à porta, assistindo a cena, e saltei para dentro da banheira com mais energia do que delicadeza.

A água estava gelada e eu comecei a reclamar. Como foi inútil! Implorei que ao menos as outras pacientes fossem levadas embora, mas a resposta foi me mandarem calar a boca. A louca começou a me esfregar. Não consigo pensar em uma palavra melhor para o que fez, apenas esfregar. Ela tirou um pouco de sabão líquido de uma panelinha de lata e passou-o em mim, até mesmo meu rosto e meu cabelo. Eu não conseguia mais ver nem falar nada, apesar de ter implorado que meu cabelo fosse deixado em paz. A velha continuou com o esfrega-esfrega, sempre tagarelando sozinha. Meus dentes batiam e meus membros estavam arrepiados e azuis de frio. De repente, um depois do outro, três baldes de água gelada foram despejados sobre minha cabeça, nos meus olhos, minhas orelhas, meu nariz, minha boca. Creio que senti algumas das sensações de quem se afoga quando me arrastaram, tremendo e arfando, de dentro da banheira. Pela primeira vez, parecia realmente louca. Avistei o olhar indescritível nos rostos de minhas companheiras, que haviam testemunhado meu destino e sabiam que logo sofreriam o mesmo. Incapaz de me controlar pensando na figura absurda que apresentava, comecei a gargalhar. Ainda ensopada, me colocaram em uma camisa fina e curta de flanela em cuja extremidade estava escrito, em letras negras enormes, "Lunatic Asylum, B. I., H. 6", significando Hospício, Ilha de Blackwell, Salão 6.

A essa altura, a Srta. Mayard estava despida. Por mais que tivesse odiado meu banho, teria tomado outro se pudesse tê-la poupado da mesma experiência. Imagine mergulhar uma menina doente em um banho gelado, quando eu, que nunca ficara doente na vida, fiquei tremendo como se estivesse febril. Ouvi ela explicar para a Srta. Grupe que sua cabeça ainda doía por causa da doença. Seu cabelo era curto, e boa parte tinha caído, então ela pediu que a louca a esfregasse com mais delicadeza.

— Você não vai se machucar — a Srta. Grupe retrucou. — Agora cale a boca ou vai ser pior.

A Srta. Mayard se calou, e foi a última vez que a vi naquela noite.

Fui levada a um quarto onde havia seis camas e colocada em uma delas quando alguém apareceu e me arrancou dali.

— Nellie Brown tem que ficar sozinha no quarto esta noite, parece que é barulhenta.

Fui levada ao quarto 28, com a missão de me acomodar na cama. Era uma tarefa impossível. A cama fora arrumada alta no centro, com ambos os lados caídos. Ao primeiro toque, minha cabeça deixou o travesseiro inundado e minha roupa molhada transferiu parte da umidade para o lençol. Quando a Srta. Grupe entrou, perguntei se não poderia receber uma camisola.

— Não temos esse tipo de coisa nesta instituição — disse.

— Não gosto de dormir sem — respondi.

— E eu com isso? — ela disse. — Você está em uma instituição pública, não pode esperar por nada. Isto aqui é caridade, deveria ficar grata pelo que receber.

— Mas a cidade paga pela manutenção destes lugares — insisti. — E paga pessoas para serem boas com as infelizes trazidas para cá.

— Ora, melhor não esperar bondade por aqui, porque não vai encontrar — disse, e então saiu e fechou a porta.

Eu tinha um lençol e um oleado por baixo e um lençol e um cobertor de lã negra por cima. Nunca senti nada tão incômodo quanto aquele cobertor de lã enquanto tentava mantê-lo ao redor de meus ombros para afastar o frio. Quando o puxava para cima, meus pés ficavam expostos, mas quando puxava para baixo, era a vez dos meus ombros. Não havia absolutamente nada no quarto além da cama e de mim. Como a porta fora trancada, imaginei que passaria a noite sozinha, mas ouvi os passos pesados de duas mulheres no corredor. Elas paravam em frente às portas, as destrancavam e, após alguns instantes, eu as ouvia retrancá-las. Tudo isso aconteceu sem a menor tentativa de fazer silêncio, em todas as portas do outro lado do corredor até o meu quarto. Quando chegaram em mim, pararam. A chave foi inserida na fechadura e virada. Olhei para as duas prestes a entrar. Elas usavam vestidos listrados de branco e marrom com botões de bronze, grandes aventais brancos, um cordão verde pesado em torno da cintura no qual um molho de chaves enormes ficava pendurado e boininhas brancas sobre as cabeças. Vestidas da mesma fora que as atendentes diurnas, eu sabia que eram as enfermeiras. A primeira levava uma lanterna.

— Esta é Nellie Brown — ela disse para a assistente, virando a luz para o meu rosto.

— Quem é você? — perguntei, olhando para ela.

— Sou a enfermeira noturna, queridinha — ela respondeu e, desejando que eu dormisse bem, saiu e trancou a porta.

Entraram no meu quarto várias vezes durante a noite. Mesmo que eu tivesse conseguido dormir, o ato de destrancar a porta pesada, sua conversa alta e os passos pesados teriam me acordado.

Não conseguia dormir, então fiquei deitada na cama, imaginando comigo mesma os horrores que aconteceriam caso houvesse um incêndio no hospício. Todas as portas tinham trancas separadas e as janelas tinham grades pesadas, o que tornava a fuga impossível. Segundo o Dr. Ingram, em cada edifício havia cerca de trezentas mulheres. Elas ficavam confinadas, de uma a dez em cada quarto. É impossível sair a menos que essas portas sejam destrancadas. Um incêndio não é improvável; pelo contrário, é uma das ocorrências mais prováveis. Se o edifício pegasse fogo, as carcereiras ou enfermeiras jamais pensariam em soltar suas pacientes loucas. Provarei isso posteriormente, quando contar sobre o tratamento cruel que distribuíam às pobrezinhas sob seus cuidados. Como estava dizendo, em caso de incêndio, menos de uma dúzia de mulheres conseguiria escapar. Seriam todas deixadas para morrer queimadas. Mesmo que as enfermeiras fossem bondosas, e não são, seria preciso muito mais presença de espírito do que as mulheres de sua classe possuem para enfrentar as chamas e colocar a própria vida em risco para abrir uma centena de portas e salvar prisioneiras insanas. A menos que uma mudança seja efetuada, um dia o hospício vai produzir um conto de terror inédito na história.

Em relação a esse tema, reconto um episódio engraçado que ocorreu logo antes de minha soltura. Estava conversando com o Dr. Ingram sobre diversos assuntos e finalmente contei o que eu achava que aconteceria em caso de incêndio.

— As enfermeiras têm a responsabilidade de abrir as portas — ele disse.

— Mas você com certeza sabe que elas não esperariam para fazer isso — respondi. — Essas mulheres morreriam queimadas.

Ele ficou em silêncio, incapaz de contradizer minha afirmação.

— Por que você não faz alguma coisa? — perguntei.

— Mas o que eu posso fazer? Faço sugestões até cansar o cérebro, mas de que adianta? O que você quer que eu faça? — ele se virou para mim, a insana declarada.

— Ora, eu insistiria na instalação de trancas, como as que já vi em alguns lugares, nas quais o acionamento de uma manivela no final do corredor permite que todas as portas de um lado sejam travadas ou destravadas. Com isso, haveria alguma chance de salvação. Hoje, como toda as portas são trancadas separadamente, a chance é absolutamente zero.

O Dr. Ingram se virou para mim com um olhar ansioso em seu rosto gentil e perguntou lentamente:

— Nellie Brown, em quais instituições você foi internada antes de vir para cá?

— Nenhuma. Nunca fiquei confinada em nenhuma instituição na vida, exceto pelo internato.

— Onde viu essas trancas que descreveu?

Eu as vira na Penitenciária Ocidental em Pittsburgh, Pensilvânia, mas não ousei informá-lo. Respondi simplesmente:

— Ah, eu vi em um lugar que estive... quero dizer, que visitei.

— Só sei de um local que possui essas trancas — ele disse com tristeza. — Sing Sing.

A inferência é clara. Ri alto da acusação implícita e tentei garantir ao médico que nunca, até então, fora prisioneira em Sing Sing, ou sequer havia visitado a penitenciária.

Quando o sol começou a nascer, finalmente peguei no sono, mas poucos momentos depois fui acordada com uma grosseria e me mandaram levantar. A janela foi aberta e minhas roupas foram arrancadas. Meu cabelo ainda estava molhado e meu corpo todo doía como se eu sofresse de reumatismo. Algumas peças de roupa foram atiradas no chão e eu recebi a ordem de vesti-las. Pedi as minhas próprias, mas a Srta. Grady, aparentemente a enfermeira-chefe, me mandou aceitar o que ganhasse e ficar quieta. Olhei para as roupas. Uma saia de baixo de algodão escuro grosseiro e um vestido de chita branco com uma mancha preta. Amarrei os cordões da saia na cintura e coloquei o vestidinho. Ele era feito, assim como todos aqueles usados pelas pacientes, com um corpete reto apertado costurado a uma saia reta. Enquanto abotoava o corpete, percebi que a saia de baixo era 15 centímetros mais comprida do que a de cima. Por um instante, precisei me sentar na cama e rir de minha própria aparência. Mulher alguma jamais desejou um espelho mais do que eu naquele momento.

Vi as outras pacientes atravessando o corredor às pressas, então decidi não perder nada que pudesse estar acontecendo. Éramos quarenta e cinco pacientes no Salão 6 e fomos mandadas ao banheiro, onde havia duas toalhas grosseiras. Vi pacientes loucas que tinham erupções perigosíssimas por todo o rosto se secando com as toalhas e então vi mulheres de pele limpa usarem-nas em seguida. Fui à banheira e lavei meu rosto na torneira, usando a saia de baixo como toalha.

Antes que completasse minha ablução, um banco foi trazido para o banheiro. A Srta. Grupe e a Srta. McCarten entraram com pentes nas mãos. Elas nos mandaram sentar no banco e o cabelo de quarenta e cinco mulheres foi penteado por uma paciente, duas enfermeiras e seis pentes. Quando vi algumas das cabeças feridas que estavam sendo penteadas, pensei que essa era outra dose que não estava no contrato. A Srta. Tillie Mayard tinha seu próprio pente, mas este foi levado pela Srta. Grady. Ah, aqueles pentes! Nunca havia entendido a velha ameaça "vou lhe pentear", mas aprendi. Meu cabelo, todo emaranhado e úmido por causa da noite anterior, foi puxado e repuxado. Depois de me queixar inutilmente, cerrei os dentes e aguentei a dor. Elas se recusaram a me fornecer grampos, então meu cabelo foi trançado e amarrado com um pedaço de algodão vermelho esfarrapado. Minha franja cacheada se recusou a acompanhar o resto, então esse resquício de minha antiga glória, pelo menos, sobreviveu.

Depois disso, fomos para a sala de estar e tive a chance de procurar minhas companheiras. Primeiro fiquei perdida, incapaz de diferenciá-las das outras pacientes, mas após algum tempo reconheci a Srta. Mayard pelo cabelo curto.

— Como foi o sono depois do banho frio?

— Quase congelei, e depois o barulho me deixou acordada. Foi horrível! Meus nervos já estavam mal antes de eu vir para cá, estou com medo de não aguentar o cansaço.

Fiz o que pude para animá-la. Pedi que nos dessem mais roupa, pelo menos o mínimo que o costume determina que as mulheres vistam, mas me mandaram calar a boca e disseram que já tínhamos tudo que pretendiam nos dar.

Fomos forçadas a acordar às cinco e meia, e às sete e quinze recebemos a ordem de nos reunirmos no salão, onde a experiência de espera, assim como na noite anterior, se repetiu. Quando chegamos à sala de jantar, finalmente cada uma de nós recebeu uma tigela de chá gelado, uma fatia de pão com manteiga e um pires com aveia e melaço. Eu estava com fome, mas a comida era intragável. Pedi uma fatia sem manteiga e recebi. Não consigo lembrar de nada que tenha a mesma cor negra de sujeira. O pão era duro e em algumas partes não passava de massa seca. Encontrei uma aranha na minha fatia, então não comi. Experimentei a aveia com melaço, mas era horrível, então tentei, sem muito sucesso, engolir o chá.

Depois que voltamos à sala de estar, várias mulheres receberam a ordem de arrumar as camas, algumas foram colocadas
para esfregar o chão e outras receberam deveres diversos que
completavam o trabalho por fazer. Não são as atendentes que
mantêm a instituição para as pobres pacientes, como eu sempre imaginara, mas as próprias pacientes que trabalham por
si, até mesmo limpando os quartos e cuidando das roupas das
enfermeiras.

Às nove e meia, as novas pacientes, das quais eu era uma, foram mandadas para ver o doutor. Fui levada e meus pulmões
e coração foram examinados pelo médico jovem e namorador
que foi o primeiro a nos ver no dia que chegamos. O autor do
relatório, se não me engano, foi o Dr. Ingram, o superintendente assistente. Depois de algumas perguntas, recebi permissão para voltar à sala de estar.

Cheguei e vi a Srta. Grady com o meu caderno e lápis de grafite, comprados especialmente para a ocasião.

— Quero meu caderno e meu lápis — disse honestamente. —
Eles me ajudam a lembrar das coisas.

Eu estava muito ansiosa para fazer anotações e fiquei decepcionada com a resposta:

— Não pode ficar com eles, então cale a boca.

Alguns dias depois, perguntei ao Dr. Ingram se podia tê-los
de volta e ele prometeu considerar a questão. Quando toquei
no assunto de novo, ele respondeu que a Srta. Grady dissera
que eu havia trazido apenas um caderno e que não tinha um
lápis. Irritada, insisti que tinha sim, ao que fui aconselhada a
lutar contra os devaneios que meu cérebro criava.

Depois que as pacientes terminaram o trabalho doméstico, como o dia estava bonito, apesar de frio, recebemos a ordem de ir ao salão e buscar nossos xales e chapéus para uma caminhada. Pobres pacientes! Como ansiavam pelo ar fresco, como ansiavam por uma fuga mínima que fosse daquela prisão. Todas foram correndo para o corredor e começaram a brigar pelos chapéus. E que chapéus!

Capítulo XII: Passeando com as Lunáticas

Nunca esquecerei minha primeira caminhada. Quando todas as pacientes colocaram os chapéus de palha brancos, como aqueles que os banhistas usam em Coney Island, tive que rir da aparência cômica produzida. Era impossível dizer quem era quem. Perdi a Srta. Neville e precisei tirar meu chapéu para procurá-la. Quando nos encontramos, pusemos nossos chapéus de volta e rimos uma da outra. Formamos uma fila aos pares e, vigiadas pelas atendentes, saímos pelo fundo do hospício para caminhar pelas trilhas.

Logo vi que de cada trilha saíam longas fileiras de mulheres, sempre escoltadas por enfermeiras. Tantas! Para todos os lados que olhava, lá estavam elas, com seus vestidos estranhos, xales e chapéus de palha engraçados, marchando lentamente. Fiquei fascinada pelas filas e tremi com aquela visão terrível. Os olhos eram vazios, os rostos insensatos, as línguas apenas repetiam baboseiras sem sentido. Um grupo de pacientes passou por mim e além da visão, o olfato me informou estavam imundas.

— Quem são elas? — perguntei a uma paciente ao meu lado.

— São consideradas as mais violentas da ilha. Elas ficam na Cabana, o primeiro edifício, com os degraus altos.

Algumas gritavam, outras soltavam palavrões, outras cantavam ou rezavam ou pregavam, dependendo do que lhes dava vontade, e juntas eram o exemplo de humanidade mais miserável que jamais vira na vida. Quando a algazarra daquele grupo se afastou, vi outra cena que nunca esquecerei:

Uma corda comprida estava afixada a cintos de couro largos, que por sua vez ficavam presos em torno das cinturas de cinquenta e duas mulheres. A ponta da corda estava amarrada a um carrinho de ferro pesado que levava duas mulheres: uma com um pé machucado, outra que gritava para uma enfermeira.

— Você me bateu, nunca vou me esquecer disso! Você quer me matar — e então chorava e soluçava.

As mulheres "na corda", como dizem as pacientes, estavam todas ocupadas com suas loucuras individuais. Algumas gritavam o tempo inteiro. Uma, de olhos azuis, viu que eu estava a observando e se virou o quanto conseguiu, falando e sorrindo, com aquele olhar aterrorador de insanidade absoluta estampado no rosto. Os doutores não teriam dificuldade em decidir seu caso. Para alguém que nunca estivera perto de uma pessoa insana antes, o horror daquele olhar era inominável.

— Deus as acuda! — sussurrou a Srta. Neville. — É terrível, não consigo nem olhar.

Elas foram passando, com seus lugares sendo preenchidos por outras tantas. Você consegue imaginar a cena? De acordo com um dos doutores, havia 1.600 mulheres insanas na Ilha de Blackwell.

Louca! O que pode ser pior? Meu coração se derretia de piedade quando olhava para aquelas senhoras grisalhas falando com o vazio. Uma mulher vestia uma camisa de força e duas outras precisavam arrastá-la. Aleijadas, cegas, velhas, jovens, feias e bonitas, uma grande massa insensata de humanidade. Não existe destino pior.

Olhei para o lindo gramado, que antes imaginei ser um conforto para as pobres criaturas confinadas à ilha, e ri das minhas próprias ideias. Que prazer tinham elas? As pacientes eram proibidas de pisar na grama, só podiam olhá-la. Vi algumas erguerem com carinho e admiração uma noz ou uma folha colorida que havia caído na trilha, mas ninguém tinha a permissão de guardá-las. As enfermeiras sempre as forçavam a atirar fora o pedacinho de conforto que Deus lhes dava.

Quando passei por um pavilhão baixo, onde inúmeras lunáticas indefesas ficavam confinadas, li o seguinte lema escrito na parede: "Enquanto vivo, tenho esperança". O absurdo daquilo me deixou admirada. Senti vontade de colocar um aviso sobre os portões do hospício: "Quem aqui entra abandona toda esperança".

Durante a caminhada, fui bastante incomodada por enfermeiras que haviam escutado minha história romântica. Elas chamavam as enfermeiras encarregadas de nós e pediam que me apontassem, o que aconteceu diversas vezes.

Não demorou para chegar a hora do almoço e minha fome era tamanha que eu me sentia capaz de comer qualquer coisa. A velha história de esperar de pé no corredor por meia hora ou quarenta minutos se repetiu antes que recebêssemos nossa refeição. Desta vez, as tigelas em que tomávamos chá continham sopa, enquanto o prato tinha uma batata cozida fria e um pedaço de carne que, depois de uma breve investigação, se revelou ligeiramente estragado. Não tínhamos garfos ou facas e as pacientes pareciam selvagens, agarrando a carne dura com os dedos, mordendo e puxando para arrancar pedaços. As que não tinham dentes, ou os tinham em mau estado, não conseguiam comer. Ganhamos uma colher de sopa e um pedaço de pão para completar o almoço. Nunca há manteiga no almoço, nem café ou chá. A Srta. Mayard não conseguia comer, e vi muitas das doentes se virarem da mesa com nojo. Estava ficando fraca por falta de comida e experimentei uma fatia de pão. Depois das primeiras mordidas, a fome se fez sentir e consegui comer quase tudo, deixando apenas a casca da minha fatia.

O Superintendente Dent atravessou a sala de estar, distribuindo um "como vai?" ou "tudo bem?" ocasional entre as pacientes. Sua voz era tão fria quanto o corredor e as pacientes não tentaram contar seus sofrimentos. Pedi a algumas que contassem sobre como sofriam por causa do frio e da escassez de roupas, mas elas responderam que a enfermeira as espancaria se falassem alguma coisa.

Nunca fiquei tão cansada quanto sentada naqueles bancos. Várias pacientes se sentavam sobre um pé ou de lado para variar sua posição, mas sempre eram repreendidas e precisavam se retesar. Se conversavam, eram xingadas e lhes mandavam calar a boca; se queriam caminhar um pouco para relaxar o corpo, lhes mandavam sentar e ficar paradas. O que, além da tortura, produziria insanidade com mais rapidez do que esse tratamento? Aqui temos um grupo de mulheres que deveriam ser curadas. Gostaria de ver os médicos especialistas que me condenam por minhas ações, que testaram as suas capacidades, escolherem uma mulher perfeitamente sã e saudável, trancarem-na e forçarem-na a sentar-se das seis da manhã às oito da noite em bancos de costas retas, não deixarem que converse ou se mova durante essas horas, não lhes darem material de leitura nem lhe informem sobre os acontecimentos do mundo e forneçam comida ruim e tratamento ruim e então vejam quanto demoraria para que ela enlouquecesse. Dois meses bastariam para deixá-la física e mentalmente destroçada.

Descrevi meu primeiro dia no hospício, mas como meus outros nove foram, em linhas gerais, exatamente iguais, seria tedioso recontar cada um. Ao escrever esta história, espero que muitas das pessoas desmascaradas tentem me contradizer. Estou apenas contando em linguagem simples, sem exageros, minha vida em um manicômio por dez dias. A alimentação foi uma das coisas mais horríveis. Exceto pelos dois primeiros dias depois da minha chegada, não havia sal em nada. As mulheres famintas tentavam comer aqueles pratos horríveis. Colocava-se mostarda e vinagre na carne e na sopa para dar algum gosto, mas o resultado era apenas pior. Após dois dias, mesmo isso tinha se esgotado, e as pacientes precisavam tentar engolir peixe fresco, recém-fervido em água, sem sal, pimenta ou manteiga; carne de cordeiro e de gado e batatas sem o menor tempero. As mais insanas se recusavam a engolir a comida e eram ameaçadas com castigos. Em nossas breves caminhadas, passávamos pela cozinha onde se preparavam as refeições para as enfermeiras e os doutores. Lá, víamos melões e uvas e frutas de todos os tipos, pães brancos lindos e carnes de qualidade, e nossa fome se multiplicava por dez. Falei com alguns dos médicos, mas sem resultado, e quando fui solta a comida ainda não tinha nada de sal.

Eu sentia uma dor no coração ao ver as pacientes adoecerem cada vez mais sobre a mesa. Vi a Srta. Tillie Mayard sofrer um mal súbito depois de morder a comida e precisar sair correndo da sala de jantar, apenas para ser repreendida por isso. Quando as pacientes reclamavam da comida, a resposta era que calassem a boca; que em casa sua vida não seria tão boa e que aquilo era tudo bom demais para quem ganhava caridade.

Uma menina alemã chamada Louise (esqueço seu sobrenome) não comeu por vários dias e, uma certa manhã, não apareceu. Pela conversa das enfermeiras, descobri que estava febril. A pobrezinha me contara que rezava sem descanso pela morte. Observei as enfermeiras forçarem uma paciente a levar a comida recusada pelas saudáveis até o quarto de Louise. Imagine, dar aquilo para uma paciente com febre! Obviamente, ela recusou. Foi então que vi uma enfermeira, a Srta. McCarten, medir sua temperatura e voltar dizendo que era de cerca de 65 graus. Sorri com a informação e a Srta. Grupe, vendo minha reação, perguntou qual fora minha maior temperatura na vida. Não respondi. A Srta. Grady decidiu testar suas habilidades e voltou informando uma febre de 37,2 graus.

A Srta. Tillie Mayard era quem mais sofria com o frio, mas ainda tentava seguir meu conselho de se animar e tentar se manter ativa por algum tempo. O Superintendente Dent trouxe um homem para me ver. Ele mediu meu pulso e examinou minha cabeça e minha língua. Informei os dois sobre o frio e garanti que não precisava de atenção médica, ao contrário da Srta. Mayard, e pedi que transferissem sua atenção para ela.

Os dois não responderam, mas fiquei feliz em ver a Srta. Mayard erguer-se do banco e aproximar-se deles. Ela falou com os doutores e contou que estava doente, mas eles não prestaram atenção. As enfermeiras apareceram e a arrastaram de volta para o banco.

— Depois de um tempo, quando vir que os médicos não dão bola para você, vai parar de correr para eles — elas disseram depois que os médicos foram embora.

Antes de partirem, ouvi um dos médicos dizer (não lembro suas palavras exatas) que meu pulso e meus olhos não eram os de uma menina insana, mas o Superintendente Dent lhe garantiu que em casos como o meu, esse tipo de teste não funciona. Após algum tempo de observação, ele disse que meu rosto era o mais inteligente que já vira em uma lunática. As enfermeiras vestiam casacos e roupas de baixo pesadas, mas se recusavam a nos entregar os xales.

Passei a madrugada inteira ouvindo uma mulher chorar de frio e pedir a Deus que a deixasse morrer. Outra repetia o grito de "Assassino!", ou então "Polícia!", até minha pele ficar arrepiada.

Na segunda manhã, depois de começarmos nossa rotina interminável do dia, duas das enfermeiras, auxiliadas por algumas pacientes, trouxeram a mulher que passara a madrugada anterior implorando que Deus a levasse. Não fiquei surpresa com a oração. Ela parecia ter no mínimo setenta anos de idade e era cega. Apesar dos corredores estarem absolutamente gelados, aquela senhora não tinha mais roupa do que qualquer uma de nós.

— Ah, o que estão fazendo comigo? — ela gritou quando foi levada para a sala de estar e colocada sobre o banco duro. — Por que não posso ficar na cama, por que não me dão um xale?

A seguir, ela se levantava e saía tateando pela sala em busca da saída. Às vezes, as atendentes a puxavam de volta para o banco; às vezes, deixavam-na caminhar, rindo maldosamente quando esbarrava contra uma mesa ou na ponta de um banco. Em uma ocasião, ela disse que os sapatos pesados fornecidos pela caridade machucavam seus pés e então tirou-os. As enfermeiras mandaram que duas pacientes recolocassem os sapatos; depois que ela os tirou várias vezes, e brigou para não os colocar de volta, contei sete pessoas tentando calçá-la. Depois disso, a senhora tentou se deitar no banco, mas elas a levantaram novamente. Dava uma pena terrível ouvi-la gritar e chorar:

— Ai, alguém me dê um travesseiro e me tape com o cobertor. Estou com frio, muito frio.

Foi então que vi a Srta. Grupe sentar-se sobre a senhora e passar suas mãos geladas no rosto da mulher e dentro da gola dos vestidos. Quando a velha senhora chorou, a enfermeira soltou uma gargalhada selvagem, assim como as outras enfermeiras, e repetiu sua crueldade. Naquele mesmo dia, a senhora foi levada para outra ala.

Capítulo XIII: Sufocando e Espancando Pacientes

A Srta. Tillie Mayard sofria enormemente com o frio. Uma manhã, sentou-se no banco ao meu lado, pálida de frio. Seus braços e pernas tremiam, seus dentes tiritavam. Falei com as três atendentes, que estavam sentadas na mesa central usando casacos.

— É cruel trancar pessoas e deixá-las congelar — eu disse.

A resposta foi que ela tinha tanto quanto as outras e não receberia mais. Foi quando a Srta. Mayard teve um acesso que deixou todas as pacientes assustadas. A Srta. Neville a segurou e abraçou.

— Deixa ela cair — foi tudo que as enfermeiras disseram. — Assim aprende a lição.

A Srta. Neville respondeu com o que pensava sobre suas ações e eu recebi a ordem de me dirigir ao escritório.

Quando cheguei, o Superintendente Dent apareceu na porta e eu lhe contei sobre o sofrimento causado pelo frio e sobre a condição da Srta. Mayard. Não duvido que minha fala tenha sido incoerente, pois também falei sobre o estado da comida, o tratamento dado pelas enfermeiras, sua recusa em distribuir mais roupas, a condição da Srta. Mayard e como as enfermeiras nos diziam que, como o hospício era uma instituição pública, nem por bondade poderíamos esperar. Garantindo que eu própria não precisava de auxílio médico, pedi que fosse ver a Srta. Mayard. Foi o que ele fez. A Srta. Neville e outras pacientes me contaram o que aconteceu. A Srta. Mayard ainda estava tendo um acesso, então ele a agarrou com força pela testa e apertou até seu rosto se avermelhar com o acúmulo de sangue na cabeça e ela se recuperar. Pelo resto do dia, ela sofreu de uma dor de cabeça terrível, e depois disso apenas piorou.

Insana? Sim, insana. Assistindo a insanidade se infiltrar em uma mente que parecera estar bem, amaldiçoei secretamente os médicos, as enfermeiras e todas as instituições públicas. Alguns dirão que ela enlouquecera em algum momento antes de ser confinada no hospício. Se estão certos, aquele foi o lugar adequado para uma mulher em convalescença? Um lugar onde recebeu apenas banhos gelados, roupa insuficiente e alimentação horrível?

Naquela manhã, tive uma longa conversa com o Dr. Ingram, o superintendente assistente do hospício. Descobri que ele era bondoso com as infelizes. Comecei com minha velha reclamação sobre o frio, então ele chamou a Srta. Grady para o escritório e mandou que mais roupas fossem distribuídas para os pacientes. A Srta. Grady me avisou que se continuasse a ser dedo-duro, as consequências seriam graves.

Muitos visitantes em busca de meninas desaparecidas vieram me ver. Um dia, a Srta. Grady gritou da porta do corredor:

— Nellie Brown, estão chamando você.

Fui até a sala de estar no final do corredor, onde encontrei um cavalheiro que me conhecia intimamente havia muitos anos. Pela palidez súbita em seu rosto e sua incapacidade de falar, percebi que minha presença era totalmente inesperada e havia causado um choque terrível nele. No mesmo instante, resolvi que se me desmascarasse como Nellie Bly, eu diria que nunca o vira antes. Contudo, ainda tinha uma carta na manga e decidi arriscar. Com a Srta. Grady tão perto, sussurrei para ele apressada, usando um linguajar mais expressivo do que elegante:

— Não me entregue.

Pela expressão em seus olhos, percebi que ele entendera, então disse à Srta. Grady:

— Não conheço este homem.

— Conhece ela? — a Srta. Grady perguntou.

— Não, essa não é a jovem que estou procurando — ele respondeu com uma voz forçada.

— Se não conhece ela, não pode ficar aqui — a enfermeira disse, levando-o para a porta.

De repente, temi que ele achasse que eu fora enviada ao hospício por engano e que contaria aos meus amigos e tentaria fazer com que me soltassem. Assim, esperei até a Srta. Grady destrancar a porta. Eu sabia que ela precisaria trancá-la de volta antes de poder sair, então o tempo necessário para a operação me daria a oportunidade de falar com meu amigo.

— Um instante, *señor* — chamei.

Ele voltou e perguntei em voz alta:

— O senhor fala espanhol? — e então continuei cochichando:
— Está tudo bem, estou atrás de uma história. Fique quieto.

— Não — ele disse, com uma ênfase especial que significava que guardaria meu segredo.

As pessoas no mundo exterior não têm como imaginar o comprimento dos dias para quem está em um hospício. Eles parecem eternos, então recebemos de braços abertos qualquer evento que nos dê algo para pensar ou conversar. Não há nada para ler e o único assunto que nunca cansa é imaginar os alimentos refinados que comeremos assim que sairmos. Todas aguardam ansiosamente a chegada do barco, querendo ver se alguma nova infeliz será adicionada ao grupo. Quando chegam e são levadas à sala de estar, as pacientes se solidarizam umas com as outras por ela e ficam ansiosas para demonstrar sua atenção. O Salão 6 era o setor de recepção, então era assim que víamos todas as recém-chegadas.

Logo após a minha chegada, uma menina chamada Urena Little-Page foi trazida. Ela era tola desde nascença e seu ponto fraco era, assim como ocorre com muitas mulheres sensatas, sua idade. Afirmava ter dezoito anos e ficava furiosa quando lhe diziam o contrário. As enfermeiras não demoraram para descobrir isso e gostavam de provocá-la.

— Urena — a Srta. Grady dizia. — Os médicos dizem que você tem trinta e três, não dezoito.

E as outras enfermeiras riam. Elas continuaram com isso até aquela criatura simplória começar a berrar e a chorar, dizendo que queria voltar para casa e que todas a tratavam mal. Depois de se divertirem tudo que queriam e deixarem-na chorando, começaram a repreendê-la e mandaram que calasse a boca. A menina foi ficando cada vez mais histérica, até que as enfermeiras saltaram sobre ela, estapearam seu rosto e bateram sua cabeça com toda força. Isso fez com que a pobre mulher chorasse ainda mais, então elas a esganaram. Sim, esganaram de verdade. Depois ela foi arrastada até um gabinete e ouvi os gritos aterrorizados se transformarem em sons abafados. Após várias horas de ausência, ela voltou à sala de estar. As marcas dos dedos ao redor da garganta ficaram evidentes pelo resto do dia.

Esse castigo pareceu acordar nelas o desejo de administrar mais e mais. Voltaram à sala de estar e agarraram uma senhora grisalha, uma mulher que já vi chamada de Sra. Grady e de Sra. O'Keefe. Ela era insana e falava quase continuamente, tanto sozinha quanto com aquelas ao seu redor. Nunca falava muito alto, e na ocasião a que me refiro estava apenas sentada, tagarelando consigo mesmo sem incomodar ninguém. As enfermeiras a agarraram e seus gritos me deram uma pontada no coração:

— Pelo amor de Deus, senhoras, não deixem que me batam!

— Cala a boca, sua abusada! — a Srta. Grady exclamou, agarrando a mulher pelo cabelo grisalho.

A enfermeira arrastou a mulher para longe, gritando e implorando. A senhora também foi levada ao gabinete. Seus gritos foram ficando mais e mais baixos, até sumirem.

As enfermeiras voltaram ao quarto e a Srta. Grady afirmou que havia "dado um jeito na velha idiota por um tempo". Contei a alguns dos médicos sobre o ocorrido, mas não me deram atenção.

Uma das personagens do Salão 6 era Matilda, uma velhinha alemã que, creio, enlouqueceu depois de perder seu dinheiro. Era baixinha e tinha uma pele rosada muito bonita. Não incomodava muito, exceto em algumas ocasiões. Ela tinha acessos em que conversava com os aquecedores ou então subia em uma cadeira para falar pela janela. Nessas conversas, ralhava com os advogados que haviam roubado sua propriedade. As enfermeiras pareciam se divertir muito provocando aquela senhora inofensiva. Um dia, sentada ao lado da Srta. Grady e da Srta. Grupe, ouvi elas lhe dizerem coisas absolutamente horríveis para chamar a Srta. McCarten. Depois de mandá-la dizer essas coisas, chamaram a outra enfermeira, mas Matilda mostrou que, mesmo naquele estado, tinha mais bom senso do que as atendentes.

— Não posso contar. É particular — era tudo que dizia.

Eu vi a Srta. Grady, fingindo cochichar algo para ela, cuspir na orelha da mulher. Matilda limpou a orelha em silêncio e não disse nada.

Capítulo XIV: Algumas Histórias Infelizes

A essa altura, já havia conhecido boa parte das quarenta e cinco mulheres no Salão 6. Gostaria de apresentar algumas. Louise, a alemã bonitinha que mencionei ter sofrido uma febre, acreditava ser acompanhada pelos espíritos dos pais mortos.

— Levei várias surras da Srta. Grady e de suas assistentes — ela contou. — E não consigo engolir essa comida horrível que nos dão. Eu não deveria ficar congelando por falta de roupas decentes. Ah! Todas as noites, rezo para ser levada até papai e mamãe. Uma noite, quando estava confinada em Bellevue, o Dr. Field apareceu. Eu estava na cama, esgotada pelos exames. Finalmente, eu disse: "Cansei disso, não vou falar mais". "Não vai, é?", ele respondeu, brabo. "Vamos ver se não fazemos você falar". Com isso, ele colocou a bengala ao lado da cama, subiu nela e me deu beliscões nas costelas. Eu dei um salto na cama e disse: "Mas o que você está fazendo?" Ele respondeu: "Estou ensinando você a obedecer". Se ao menos eu pudesse morrer e voltar para papai!

Quando fui solta, ela estava confinada no leito, febril, e talvez seu desejo já tenha sido atendido.

No Salão 6 há uma francesa, ou havia durante a minha estadia, que tenho certeza absoluta ser perfeitamente sã. Observei-a e conversei com ela todos os dias, exceto nos últimos três, e não encontrei nela nenhum sinal de mania ou devaneio. Seu nome é Josephine Despreau, se acertei na ortografia, e seu marido e todos os seus amigos estão na França. Josephine sofre muito com sua situação. Seus lábios tremem e ela tem ataques de choro quando fala sobre sua condição.

— Como você veio parar aqui? — perguntei.

— Uma manhã, quando estava tentando tomar café da manhã, fiquei muitíssimo doente. A dona da casa chamou dois policiais e fui levada para a delegacia. Não consegui entender o que estava acontecendo e não deram atenção para a minha a história. O modo como as coisas funcionam neste país ainda era novidade para mim. Antes que me desse por conta, fui presa neste hospício, dada como louca. Quando cheguei, comecei a chorar por estar aqui sem nenhuma chance de sair. Por causa do choro, a Srta. Grady e suas assistentes me esganaram até machucar minha garganta, e ela dói desde então.

Uma menina hebraica, jovem e bonitinha, falava tão pouco inglês que só consegui obter sua história através das enfermeiras. Elas disseram que seu nome era Sarah Fishbaum e que seu marido a internara no hospício porque ela tinha uma paixão por homens que não ele próprio. Se concedermos que Sarah era insana, e que sua loucura era por homens, gostaria de contar como as enfermeiras tentavam "curá-la". Elas a chamavam e diziam:

— Sarah, você não queria ter um jovem simpático?

— Oh, sim, um jovem é bom — Sarah respondia com as poucas palavras que sabia do nosso idioma.

— Ora, Sarah, não quer que falemos de você para alguns dos doutores? Não gostaria de ficar com um dos doutores?

E assim faziam, perguntando qual médico ela preferia, aconselhando-a a paquerá-lo quando ele visitasse o salão e assim por diante.

Depois de alguns dias observando e conversando com uma mulher de pele clara, não conseguia sequer imaginar por que ela fora mandada para o hospício, de tão sã que era.

— Por que você veio para cá? — eu perguntei um dia, depois de uma longa conversa com ela.

— Eu estava doente — ela respondeu.

— Você tem uma doença mental? — insisti.

— Não, não, de onde você tirou essa ideia? Estava trabalhando demais e acabei ficando debilitada. Por ter problemas na família, e por não ter um centavo no bolso e nem para onde ir, solicitei aos comissários que fosse mandada para um asilo de indigentes até conseguir voltar ao trabalho.

— Mas não mandam os pobres para cá a menos que sejam loucos — respondi. — Você não sabia que apenas mulheres insanas, ou supostamente insanas, são mandadas para cá?

— Depois de chegar, percebi que quase todas essas mulheres eram loucas, mas na época acreditei quando me disseram que esse era o lugar para onde mandavam a gente pobre que pedia socorro como eu fizera.

— Como têm lhe tratado? — perguntei.

— Bem, por ora, me escapei de ser espancada, mas fico doente de ver o que acontece com as outras e de ouvir as histórias. Quando fui trazida, foram me dar banho, mas a doença para a qual precisava de tratamento e da qual estava sofrendo me obrigava a não tomar banhos. Ainda assim me colocaram no banho, e meu sofrimento aumentou muito por várias semanas.

Uma Sra. McCartney, cujo marido é alfaiate, parece perfeitamente racional e não é dada a fantasia alguma. Mary Hughes e a Sra. Louise Schanz não demonstraram nenhum sinal óbvio de insanidade.

Um dia, duas recém-chegadas foram adicionadas ao nosso grupo. A primeira era uma idiota chamada Carrie Glass, a segunda uma menina alemã simpática que parecia muito jovem. Quando entrou, todas as pacientes comentaram sobre sua aparência e sobre sua óbvia sanidade. Seu nome era Margaret. Ela me contou que fora cozinheira e que era extremamente ordeira. Um dia, após ter esfregado o chão da cozinha, as camareiras desceram e o sujaram propositalmente. Ela teve um acesso de raiva e começou a brigar com elas; um policial foi chamado e ela foi levada ao hospício.

— Como é que podem dizer que sou louca? Só porque não me segurei uma vez? — ela reclamou. — Outras pessoas não são trancadas e chamadas de loucas quando se irritam. Tudo que eu posso fazer é ficar quieta e evitar as surras que vejo as outras levarem. Ninguém pode dizer nada sobre mim. Faço tudo o que me mandam, todo o trabalho que me dão. Sou obediente em tudo e faço tudo para provar para eles que sou sã.

Um dia, uma mulher insana foi trazida. Ela era barulhenta, então a Srta. Grady lhe espancou e a deixou com o olho roxo. Quando os médicos perceberam e perguntaram se aquilo acontecera antes dela ser trazida, as enfermeiras responderam que sim.

Enquanto estava no Salão 6, nunca ouvi as enfermeiras falarem com as pacientes que não fosse para repreendê-las ou gritar com elas, a menos que fosse para provocá-las. Passavam boa parte do tempo fofocando sobre os médicos e sobre as outras enfermeiras em um estilo nada edificante. A Srta. Grady quase sempre pontuava sua conversa com profanidades e gostava de começar suas frases invocando o nome do Senhor. Os nomes que dava às pacientes eram do tipo mais vil e profano. Uma noite, durante nosso jantar, ela discutiu com outra enfermeira por causa do pão; quando a outra se afastou, ela a chamou de coisas horríveis e fez observações maldosas.

À noite, uma mulher, que imagino ser a cozinheira-chefe para os doutores, costumava aparecer com passas, uvas, maçãs e bolachas salgadas para as enfermeiras. Imagine a sensação das pacientes famintas, assistindo as enfermeiras comerem algo que para elas seria um luxo inalcançável.

Uma tarde, o Dr. Dent conversava com uma paciente, a Sra. Turney, sobre um problema que esta tivera com uma enfermeira ou governanta. Logo depois que fomos levadas para o jantar e a mulher que batera na Sra. Turney, e da qual o Dr. Dent falara, estava sentada junto à porta de nossa sala de jantar. De repente, a Sra. Turney pegou sua tigela de chá, saiu correndo pela porta e jogou tudo na mulher que a espancara. Ouviram-se berros e a Sra. Turney foi levada de volta ao seu lugar. No dia seguinte, ela foi transferida para a "corda", supostamente composta das mulheres mais perigosas e suicidas da ilha.

No início não conseguia dormir, e nem queria enquanto conseguisse ouvir alguma novidade. As enfermeiras noturnas podem ter reclamado disso. Uma noite, elas entraram e tentaram me forçar a tomar um copo com uma mistura para "me fazer dormir", segundo disseram. Respondi que não queria nada do tipo e elas me deixaram em paz, ou assim esperava, pelo resto da noite. Minhas esperanças foram em vão, pois em alguns minutos voltaram com um doutor, o mesmo que nos recebera na chegada. Ele insistiu que eu tomasse a dose, mas estava decidida a me manter sempre desperta, sem descansar mesmo por algumas horas. Quando ele viu que seria impossível me convencer, seu comportamento se embruteceu e ele disse que já tinha desperdiçado tempo demais comigo, que se não tomasse a bebida ela seria injetada em meu braço com uma agulha. Percebi que se ele me injetasse no braço, seria impossível me livrar da mistura, mas se engolisse eu teria alguma chance, então concordei. Ela cheirava a láudano, e a dose era horrível. Assim que saíram do quarto e me trancaram lá dentro, tentei descobrir até onde conseguia enfiar meu dedo na garganta e o cloral pôde tentar colocar o resto do quarto para dormir.

Gostaria de dizer que Burns, a enfermeira noturna do Salão 6, parecia ser muito bondosa e paciente com as pobres infelizes sob sua guarda. As outras enfermeiras fizeram várias tentativas de conversar comigo sobre namorados e me perguntaram se eu gostaria de ter um. Não fui muito comunicativa sobre esse assunto tão popular entre elas.

Uma vez por semana, as pacientes recebem um banho, e esta é a única vez que veem sabão. Um dia, uma paciente me entregou um pedaço de sabão do tamanho de um dedal, o que considerei um grande elogio. Ela queria ser bondosa, mas achei que aproveitaria o sabão barato melhor do que eu, então agradeci, mas não aceitei. Durante o banho, enche-se a banheira e as pacientes são lavadas, uma após a outra, sem trocarem a água. Isso continua até a água ficar bastante espessa, quando então a banheira é esvazia e re-enchida, sem antes ser lavada. As mesmas toalhas são usadas em todas as mulheres, com ou sem erupções na pele. As pacientes saudáveis lutam para que a água seja trocada, mas são forçadas a se submeter às ordens das enfermeiras preguiçosas e tiranas. Os vestidos raramente são trocados mais do que uma vez ao mês. Se a paciente tem um visitante, é comum ver as enfermeiras correrem para trocar seu vestido antes que o estranho entre, o que esconde a verdadeira administração do lugar.

As pacientes que não conseguiam cuidar de si mesmas acabavam em uma condição bestial. As enfermeiras nunca as ajudavam, apenas mandavam que as outras pacientes o fizessem.

Por cinco dias, fomos forçadas a passar o tempo inteiro sentadas. Nunca o tempo passou tão lentamente. Todas as pacientes estavam tesas e doloridas e cansadas. Em grupinhos, torturávamos nossos estômagos conjurando ideias do que comeríamos primeiro quando saíssemos. Se não soubesse a fome que elas passavam e o aspecto miserável da situação, a conversa teria sido muito engraçada. Naquele lugar, só me deixava triste. Quando o assunto da comida, que parecia ser o favorito, acabava, elas opinavam sobre a instituição e sua administração. A condenação das enfermeiras e dos alimentos era unânime.

Com o passar dos dias, a condição da Srta. Tillie Mayard foi piorando. Ela estava sempre gelada e não conseguia ingerir a comida que lhe era fornecida. Cantava todos os dias para tentar preservar sua memória, mas a enfermeira forçou-a a parar. Eu conversava com ela diariamente e me entristecia assistir aquela deterioração tão rápida. Finalmente, ela teve um devaneio. Achou que eu estava roubando o seu lugar e que todas as pessoas que apareceram para visitar Nellie Brown eram amigos em busca dela, mas que eu, de alguma forma, estava tentando enganá-los para que acreditassem que eu era a própria. Tentei usar a lógica com ela, mas era impossível, então me afastei para que minha presença não piorasse seu estado e alimentasse sua loucura.

Um dia, uma das pacientes, a bela e delicada Sra. Cotter, achou que vira seu marido vindo pela trilha, então saiu da fila em que estava marchando e correu para encontrá-lo. Por esse ato, foi mandada para o Retiro.

— Basta lembrar daquilo para me deixar furiosa — ela diria mais tarde. — Por chorar, as enfermeiras me bateram com um cabo de vassoura e pularam em cima de mim. Sofri ferimentos internos que nunca vão sarar. Depois, amarraram minhas mãos e meus pés, atiraram um pano sobre a minha cabeça, torceram bem apertado ao redor da minha garganta para que eu não conseguisse gritar e me atiraram em uma banheira cheia de água gelada. Elas me seguraram embaixo d'água até eu desistir completamente e desmaiar. Outras vezes, me agarravam pelas orelhas e batiam minha cabeça contra o chão e contra a parede. Também arrancaram meu cabelo pela raiz para que nunca cresça de volta.

A Sra. Cotter me mostrou as provas de sua história: a depressão na parte de trás da cabeça e as falhas no couro cabeludo onde punhados de cabelo haviam sido arrancados. Conto sua história com toda a simplicidade que consigo:

— Meu tratamento não é o pior que já vi por aqui, mas arruinou minha saúde. Mesmo que consiga sair, vou estar destruída. Quando meu marido ouviu falar do tratamento que recebi, ameaçou desmascarar esse lugar se eu não fosse removida, então fui transferida para cá. Mentalmente, hoje estou bem. Aquele medo todo passou e o doutor prometeu que vão deixar meu marido me levar para casa.

Também conheci uma mulher chamada Bridget McGuinness, que no momento parece ser sã. Ela contou que foi enviada ao Retiro 4 e colocada "na corda".

— A surra que levei lá foi uma coisa horrível. Era puxada pelos cabelos, me seguravam embaixo d'água até afogar e me esganavam e chutavam. As enfermeiras sempre deixavam uma paciente calma na janela para avisar quando algum dos doutores estava se aproximando. Não adiantava nada reclamar para os doutores, eles sempre diziam que era imaginação dos nossos cérebros doentes, e ainda levávamos outra surra por abrir a boca. Elas afogavam as pacientes e ameaçavam deixar elas lá para morrer se não prometessem não contar nada para os doutores. Sempre prometíamos, pois sabíamos que os doutores não iriam nos ajudar, e faríamos de tudo para escapar dos castigos. Depois de quebrar uma janela, fui transferida para a Cabana, o pior lugar da ilha. A sujeira lá era terrível e o cheiro, pior ainda. No verão, o lugar fica cheio de moscas. A comida é pior do que o que se vê nas outras alas e recebemos apenas pratos de lata. Em vez das grades estarem no lado de fora, como nesta ala, estão no lado de dentro. Muitas pacientes quietas estão lá há anos, mas as enfermeiras seguram elas lá para fazer o trabalho. Em uma das surras que levei lá, as enfermeiras pularam em cima de mim e quebraram duas costelas.

— Enquanto estava lá, trouxeram uma menina bonitinha. Ela estivera e doente e brigou muito para não a levarem para aquele lugar sujo. Uma das enfermeiras noturnas pegou ela e deu uma surra, depois atirou-a pelada no banho frio e então jogou-a na cama. De manhã, a menina estava morta. Os doutores disseram que morreu por causa das convulsões e esse foi o fim da história.

— Injetam tanta morfina e cloral que as pacientes enlouquecem. Já vi pacientes berrando por água por causa do efeito das drogas e as enfermeiras se recusam a dá-la. Já ouvi mulheres passarem a noite inteira implorando por uma gota que fosse e não receberem nada. Eu mesma fiquei gritando por água até minha boca ficar tão ressecada que não conseguia falar.

Vi o mesmo no Salão 7 com meus próprios olhos. As pacientes imploravam por algo para beber antes de deitarem, mas as enfermeiras (a Srta. Hart e as outras) se recusavam a abrir o banheiro para que pudessem saciar sua sede.

Capítulo XV: Incidentes da Vida do Hospício

Nas alas, não há quase nada que ajude a passar o tempo. Todas as roupas do hospício são feitas pelas pacientes, mas a costura não emprega a mente. Após vários meses de confinamento, as ideias sobre o mundo vão desaparecendo e tudo que as pobres prisioneiras têm para fazer é sentar-se e refletir sobre seu destino. Nos salões superiores, as pacientes têm uma boa vista dos barcos que passam e da cidade de Nova York. Muitas vezes, vendo as luzes distantes da cidade por entre as grades, tentei imaginar como me sentiria se não tivesse ninguém para obter minha soltura.

Vi muitas pacientes paradas, olhando cheias de saudade aquela cidade que provavelmente nunca mais visitarão. Ela significa vida e liberdade; parece tão próxima, mas o céu não está mais distante do inferno.

As mulheres têm saudade de casa? Exceto pelos casos mais violentos, estão cientes de estarem confinadas em um hospício. O único desejo que nunca morre é o da liberdade, do lar.

— Sonhei com minha mãe ontem à noite — uma pobre menina me dizia todas as manhãs. — Acho que vai vir hoje para me levar para casa.

Essa única ideia, esse anseio, está sempre presente, apesar dela estar confinada há quatro anos.

Como é misteriosa a loucura. No hospício, vi pacientes cujos lábios estão travados em um silêncio perpétuo. Elas vivem, respiram, comem; a forma humana está ali, mas algo está ausente, algo sem o qual o corpo sobrevive, mas que não existe sem o corpo. Muitas vezes me perguntei se aqueles lábios escondiam sonhos que ficam além de nosso alcance ou apenas o vazio.

Igualmente tristes são os casos em que as pacientes estão sempre falando com interlocutores invisíveis. Vi muitas delas sem nenhuma consciência sobre seu ambiente, absortas na conversa com um ser invisível. Contudo, por mais estranho que seja, qualquer ordem que recebam é sempre obedecida, tal e qual um cão obedece seu mestre. Uma das ilusões mais patéticas que vi entre as pacientes foi a de uma menina irlandesa de olhos azuis que acreditava estar condenada para todo o sempre por causa de um ato em sua vida.

— Estou danada por toda a eternidade! — ela urrava, dia e noite.

Aquele grito enchia minha alma de horror e sua agonia parecia uma visão do inferno.

Depois de transferida para o Salão 7, passei todas as noites trancada em um quarto com seis loucas. Duas pareciam nunca dormir e passavam a noite inteira delirando. Uma se levantava da cama e se arrastava pelo quarto em busca de alguém que queria matar. Era inevitável considerar a facilidade com a qual poderia atacar qualquer uma das outras pacientes confinadas com ela, o que não tornava as noites mais confortáveis.

Uma mulher de meia-idade, que costumava sentar-se sempre em um dos cantos da sala, ficou estranhamente afetada. Ela tinha um pedaço de jornal do qual lia o tempo inteiro as histórias mais maravilhosas que já ouvi na vida. Eu costumava me sentar ao seu lado para escutá-la. A história e o romance fluíam igualmente bem de seus lábios.

Vi apenas uma carta ser entregue a uma paciente enquanto estava lá, gerando muito interesse. Todas as pacientes pareciam sedentas por notícias do mundo exterior. Elas se reuniram em torno da que tivera aquela sorte e fizeram centenas de perguntas.

As visitas geram interesse e muita alegria. A Srta. Mattie Morgan, do Salão 7, entreteve alguns visitantes um dia ao piano.

Eles estavam perto dela até alguém cochicharam que era uma paciente.

— Louca! — eles sussurram audivelmente, afastando-se e deixando-a sozinha.

Ela achou o episódio engraçado, mas também ficou indignada. A Srta. Mattie, auxiliada por diversas meninas que treinou, faz com que as tardes sejam mais agradáveis no Salão 7. Elas cantam e dançam, muitas vezes os doutores aparecem e dançam com as pacientes.

Um dia, quando fomos almoçar, ouvimos um chorinho vindo do porão. Todas pareciam notá-lo e não demorou até descobrirmos que havia um bebê lá embaixo. Sim, um bebê. Pense só: um bebezinho inocente, nascido naquela câmara de horrores! Não consigo imaginar nada mais terrível.

Uma visitante apareceu um dia trazendo um bebê nos braços. Uma mulher que fora separada dos cinco filhos pequenos pediu permissão para segurá-lo. Quando a visitante quis ir embora, a tristeza da mulher foi incontrolável. Ela implorava para ficar com o bebê, que imaginava ser um de seus filhos. A cena inflamou mais pacientes do que eu já havia visto até então.

A única diversão ao ar livre dos pacientes, se é que merece esse nome, quando o tempo permite, é andar no carrossel uma vez por semana. É uma mudança na rotina, então elas demonstram um certo prazer com a oportunidade.

As pacientes mais dóceis trabalham em uma fábrica de esfregões, uma fábrica de tapetes e na lavanderia. Em troca, não recebem recompensa alguma além da fome.

Capítulo XVI: O Último Adeus

No dia em que Pauline Moser foi trazida ao hospício, ouvimos os gritos mais terríveis que você pode imaginar. Uma menina irlandesa seminua veio cambaleando pelo corredor como se estivesse bêbada.

— Viva! Viva! Matei o demônio! Lúcifer, Lúcifer, Lúcifer — ela exclamava, e assim por diante, sem parar, e então arrancava um tufo de cabelo. — Ah, mas eu enganei os demônios. Sempre disseram que Deus fez o inferno, mas não fez, não.

Pauline ajudou a menina a tornar o lugar ainda pior com suas canções horríveis. Depois que a menina irlandesa estava lá havia mais ou menos uma hora, o Dr. Dent apareceu. Enquanto caminhava pelo corredor, a Srta. Grupe cochichou para a menina demente:

— Lá vem o demônio, corre atrás dele.

Surpresa que ela daria a uma louca essas instruções, imaginei que a criatura histérica iria saltar sobre o doutor. Por sorte, não o fez, apenas começou a repetir seu refrão de "Lúcifer, oh, Lúcifer". Depois que o médico foi embora, a Srta. Grupe tentou provocá-la mais uma vez, dizendo que o músico negro no quadro da parede era o demônio.

— Seu demônio, vou te pegar — a pobre criatura começou a berrar.

Duas enfermeiras precisaram sentar sobre ela para segurá-la. As atendentes pareciam obter prazer e diversão incitando as pacientes violentas.

Sempre fiz questão de dizer aos médicos que era sã e pedir para ser solta, mas quanto mais tentava garantir-lhes de minha sanidade, mais duvidavam dela.

— Por que vocês médicos estão aqui? — perguntei a um deles, cujo nome não lembro.

— Para cuidar dos pacientes e testar sua sanidade — respondeu.

— Muito bem — eu disse. — Há dezesseis médicos nesta ilha, e com exceção de dois, nunca vi nenhum deles dar atenção às pacientes. Como um médico vai conseguir avaliar a sanidade de uma mulher se apenas lhe dá bom dia e se recusa a ouvir seus pedidos de liberdade? Mesmo as doentes sabem que não adianta dizer nada, pois a resposta é sempre culpar sua imaginação.

— Tente todos os testes comigo — insisti com outros. — E depois diga se sou sã ou se sou louca. Teste meu pulso, meu coração, meus olhos, peça que estenda meu braço e que mexa meus dedos, como o Dr. Field fez em Bellevue, e depois diga se sou sã.

Não me davam atenção, pois achavam que estava delirando.

— Vocês não têm o direito de manter pessoas sãs aqui — eu disse para outro. — Sou sã, sempre fui e insisto em receber um exame completo ou ser solta. Várias mulheres aqui também são sãs. Por que elas não podem ser libertadas?

— Elas são loucas — foi a resposta. — Estão sofrendo de delírios.

Após uma longa conversa com, o Dr. Ingram disse que eu seria transferida para uma ala mais quieta. Uma hora depois, a Srta. Grady me chamou para o corredor e, depois de me chamar de todos os palavrões mais vis e profanos que uma mulher consegue imaginar, disse que para a sorte do meu "couro", eu estava sendo transferida, ou então pagaria caro por contar tudo ao Dr. Ingram.

— Sua abusada dos infernos, você esquece quem é, mas nunca esquece de contar tudo ao doutor.

Depois de visitar a Srta. Neville, que o Dr. Ingram também tivera a bondade de transferir, a Srta. Grady nos levou para o salão superior, de número 7.

No Salão 7 ficam a Sra. Kroener e as Srtas. Fitzpatrick, Finney e Hart. Não encontrei o mesmo tratamento cruel que no andar de baixo, mas ouvi elas fazerem ameaças e observações cruéis e torcer os dedos e esbofetear as pacientes que não se comportavam. A enfermeira noturna, creio que se chama Conway, é muito mal-humorada. No Salão 7, se alguma das pacientes possuía qualquer nível de modéstia, logo a perdeu. Todas eram forçadas a se despir no corredor, em frente a suas próprias portas, e então dobrar suas roupas e deixá-las ali até a manhã. Pedi para me despir dentro do quarto, mas a Srta. Conway disse que se me pegasse com esse truque, me ensinaria a nunca mais repeti-lo.

O primeiro médico que encontrei ali, o Dr. Caldwell, me deu uma pancadinha no queixo e, como estava cansada de me recusar a dizer onde morava, só falei com ele em espanhol.

O Salão 7 parece simpático para um visitante ocasional. Ele é decorado com quadros baratos e tem um piano, presidido pela Srta. Mattie Morgan, que anteriormente trabalhava em uma loja de música na cidade. Ela treinava várias pacientes na arte do canto, com algum sucesso. A artista do salão é Under (pronuncia-se "Wanda"), uma menina polonesa. É uma pianista talentosa quando escolhe demonstrar suas habilidades. Sabe ler as partituras mais difíceis em um instante e tem toque e expressão perfeitos.

Aos domingos, as pacientes, mais calmas, cujos nomes foram marcados pelas atendentes durante a semana, têm permissão de ir à igreja. A ilha possui uma capela católica, e outros serviços religiosos também são realizados.

Um "comissário" apareceu um dia e acompanhou o Dr. Dent em sua ronda. No porão, eles descobriram que metade das enfermeiras havia saído para almoçar, deixando a outra metade para cuidar de nós, como era de costume. Eles imediatamente mandaram que as enfermeiras voltassem a seus deveres até após as pacientes terminarem de comer. Algumas das pacientes quiseram falar sobre a falta de sal, mas foram impedidas.

O hospício da Ilha de Blackwell é uma ratoeira humana. É fácil entrar, mas uma vez lá dentro, é impossível sair. Eu pretendia tentar ser confinada a uma das alas violentas, a Cabana ou o Retiro, mas quando obtive o testemunho de duas mulheres sãs, decidi não arriscar minha saúde, e meu cabelo, então não fingi violência.

No final, eu fora isolada de todos os visitantes. Quando Peter A. Hendricks, o advogado, veio e disse que meus amigos estavam dispostos a se responsabilizar por mim se eu preferisse ficar com eles e não no hospício, fiquei feliz em consentir. Pedi que ele encomendasse algo para comer no instante em que chegasse na cidade e fiquei aguardando ansiosamente por minha soltura.

Ela chegou mais cedo do que o esperado. Eu estava "na fila", caminhando, e acabara de me interessar por uma pobre mulher que desmaiara enquanto as enfermeiras tentavam forçá-la a caminhar.

— Adeus, vou para casa — gritei para Pauline Moser, enquanto estava passava com uma mulher em cada lado.

Infelizmente, disse adeus a todos que conhecia a enquanto voltava para minha vida e para a liberdade, deixando-as presas em um destino pior do que a morte.

— *Adiós* — murmurei para a mexicana, soprei um beijo para ela e abandonei minhas companheiras do Salão 7.

Ficara tão ansiosa por sair daquele lugar horrível, mas quando chegou a hora de minha soltura e soube que aproveitaria a luz divina em liberdade mais uma vez, senti uma pontada de dor. Por dez dias, eu fora uma delas. Pode soar estúpido, mas parecia extremamente egoísta abandoná-las no sofrimento. Senti um desejo quixótico de ajudá-la com solidariedade e com minha presença. Mas foi apenas por um momento. As grades estavam derrubadas e a liberdade me era mais doce do que nunca.

Logo eu estava cruzando o rio e me aproximando de Nova York, uma mulher livre novamente após dez dias no manicômio da Ilha de Blackwell.

Capítulo XVII: A Investigação do Júri

Pouco depois que dei adeus ao Hospício da Ilha de Blackwell, fui citada para aparecer perante o júri de acusação. Respondi a citação com prazer, pois ansiava por ajudar aquelas pobres filhas de Deus que haviam sido deixadas prisioneiras quando parti. Se não podia lhes dar a dádiva máxima da liberdade, tinha a esperança de ao menos conseguir influenciar terceiros para que sua vida se tornasse mais suportável. Os jurados eram todos cavalheiros e percebi que não precisaria tremer perante suas vinte e três augustas presenças.

Jurei a verdade de minha história e contei tudo que me acontecera, desde o início no Lar Temporário para Mulheres até minha soltura. O Assistente de Promotoria Vernon M. Davis conduziu a inquirição. A seguir, os jurados solicitaram que eu os acompanhassem em uma visita à ilha. Consenti sem hesitar.

Ninguém deveria saber sobre a visita planejada à ilha, mas depois de nossa chegada, não demorou para que um dos comissários de caridade e o Dr. MacDonald, da Ilha de Wards, se juntassem a nós. Um dos jurados me disse que, conversando com um homem no hospício, ouviu que eles haviam sido notificados de nossa vinda uma hora antes de chegarmos à ilha. Isso deve ter acontecido enquanto os jurados examinavam o pavilhão dos insanos em Bellevue.

A viagem até a ilha foi totalmente diferente da original. Desta vez, fomos em um barco novo e limpo, enquanto aquele no qual viajara estava, segundo nos informaram, encostado para consertos.

Algumas das enfermeiras foram inquiridas pelo júri e fizeram declarações que contradiziam umas às outras e também a minha história. Confessaram que a visita planejada dos jurados fora discutida entre elas e o doutor. O Dr. Dent confessou que não tinha como ter certeza absoluta se o banho era frio ou não ou o número de mulheres colocadas na mesma água. Ele sabia que a comida não era tão boa quanto deveria, mas disso que isso era explicado pela falta de fundos.

Ele tinha alguma maneira de determinar se as enfermeiras eram cruéis com suas pacientes? Não, não tinha. Disse que nem todos os doutores eram competentes, o que também se devia à falta de meios para obter médicos de qualidade.

— Fico feliz que você fez isso — ele me disse durante a conversa. — Se soubesse qual era seu objetivo, teria a ajudado. Não temos como descobrir a situação real das coisas, excceto fazendo o que você fez. Desde que sua história foi publicada, descobri uma enfermeira no Retiro que organiza vigias para alertar sobre nossa chegada, tal qual você afirmou. Ela foi demitida.

A Srta. Anne Neville foi trazida e fui ao salão para encontrá-la, sabendo que a visão de tantos cavalheiros estranhos a deixaria agitada, apesar dela ser sã. Foi como eu temia. As atendentes haviam lhe informado que ela seria examinada por um grande grupo de homens e ela tremia de medo. Apesar de ter deixado a ala havia apenas duas semanas, ela parecia ter sofrido uma doença grave no período, tão alterada estava sua aparência. Perguntei se tomara algum remédio, ao que ela respondeu que sim. Disse então que tudo que queria que fizesse era contar ao júri tudo que havíamos feito desde que eu fora levada junto com ela ao hospício, para que se convencessem da minha sanidade. Ela me conhecia apenas como Nellie Brown e ignorava totalmente minha história real.

Ela não foi compromissada como testemunha, mas sua história deve ter convencido todos os ouvintes sobre a verdade de minhas afirmações.

— Quando a Srta. Brown e eu fomos trazidas para cá, as enfermeiras eram cruéis e a comida era ruim demais. Não tínhamos roupas o suficiente e a Srta. Brown estava sempre pedindo mais. Achei ela muito bondosa, pois quando um médico prometeu mais roupas para ela, a Srta. Brown disse que as daria para mim. Por mais estranho que pareça, desde que a Srta. Brown foi levada embora, tudo está diferente. As enfermeiras estão mais gentis e todas temos o que vestir. Os médicos vêm nos ver mais vezes e a comida melhorou bastante.

Ainda precisávamos de mais evidências?

Os jurados visitaram a cozinha. O espaço estava bastante limpo, com dois barris de sal em posição de destaque junto à porta! O pão à mostra era de uma brancura linda, completamente diferente daquele que nos fora dado para comer.

Os salões e corredores estavam na mais perfeita ordem. As camas haviam sido melhoradas. No salão 7, os baldes nos quais éramos forçadas a nos lavar haviam sido substituídos por bacias novas em folha.

A instituição estava em exposição e era impossível encontrar qualquer defeito.

Mas e as mulheres das quais falara, onde estavam? Nenhuma se encontrava onde eu as deixara. Se minhas afirmações sobre essas pacientes fossem falsas, por que teriam sido transferidas, impedindo-me de encontrá-las? A Srta. Neville reclamou para o júri de ter sido transferida várias vezes. Quando visitamos o salão mais tarde, ela foi devolvida a seu lugar original.

Mary Hughes, que eu afirmara parecer sã, não foi encontrada. Alguns parentes a haviam levado. Aonde, não sabiam dizer. A mulher de pele clara que eu descrevera, enviada ao hospício por ser pobre, teria sido transferida para outra ilha. Negaram qualquer conhecimento sobre a mulher mexicana e disseram que jamais haviam tido uma paciente com essa descrição. A Sra. Cotter recebera alta, enquanto Bridget McGuinness e Rebecca Farron haviam sido transferidas para outros aposentos. Margaret, a menina alemã, não foi encontrada, enquanto Louise fora transferida do Salão 7. Josephine, a francesa, uma mulher saudável e encorpada, estaria morrendo de paralisia, então não era possível vê-la. Se eu estava errada em minha avaliação sobre a sanidade dessas pacientes, por que tudo isso foi feito? Também vi Tillie Mayard, mas ela piorara tanto que me arrepiei ao encontrá-la.

Não esperava que o júri fosse me amparar, tendo visto tudo diferente da situação que encontrei em minha estadia. Mas foi o que fizeram, e seu relatório para o tribunal aconselha a adoção de todas as minhas propostas de mudança.

Meu trabalho me dá uma consolação: com base em minha história, o comitê de apropriações alocou uma soma 1.000.000 de dólares maior do que jamais fizera antes para o cuidado dos insanos.

FIM

Nellie Bly: Uma Linha do Tempo

1864: Nasce Elizabeth Jane Cochran, em 5 de maio, em Cochran's Mills, Pensilvânia, perto de Pittsburgh. Apelidada de "Pink" pela família, é a 13ª de 15 irmãos.

1870: Perde o pai aos 6 anos de idade.

1873: Mãe casa-se novamente, mas o novo marido é um alcoólatra violento. Casal divorcia-se em 1879.

1879: Matricula-se na Indiana Normal School, mas abandona o curso após um semestre por falta de recursos. Altera o sobrenome para "Cochrane".

1880: A família muda-se para Pittsburgh.

1885: Em janeiro, após um colunista do *Pittsburgh Dispatch* afirmar que meninas só servem para cuidar de casa e ter filhos, escreve uma resposta assinada "Orfãzinha Solitária". A resposta leva ao seu primeiro emprego no jornalismo. Seu editor escolhe o pseudônimo "Nellie Bly" em homenagem a uma canção popular da época.

1886: Acompanhada pela mãe, viaja para o México e atua como correspondente estrangeira por seis meses. Após denunciar a prisão de um jornalista a mando do ditador Porfirio Díaz, é forçada a voltar aos EUA. *Six Months in Mexico*, reunindo textos da viagem, é publicado em livro em 1889.

1887: Muda-se para Nova York em maio.

22/9, quinta-feira: Após meses sem conseguir emprego, invade a redação do *New York World*. Nellie sugere viajar à Europa e voltar de barco na terceira classe, mas Joseph Pulitzer, o editor-chefe, acha a ideia perigosa demais. John Cockerill, o editor executivo, sugere que ela se finja de louca para investigar as condições na Ilha de Blackwell.

23/9, sexta-feira: Hospeda-se no Lar Temporário para Mulheres.

24/9, sábado: Levada ao Tribunal de Polícia de Essex Market, é mandada para a Ilha de Blackwell.

25/9, domingo: A história de "Nellie Brown" é noticiada pelo jornal rival *The New York Sun*. "A Quem é essa menina insana? Ela é bonita e bem-vestida fala espanhol fluente".

29/9, quinta-feira: Uma segunda matéria sobre "Nellie Brown" aparece no *The New York Sun*.

4/10, terça-feira: "Nellie Moreno"é resgatada da Ilha de Blackwell.

9/10 e 16/10, domingos: Nellie publica a reportagem em duas partes (*Behind Asylum Bars* e *Inside the Madhouse*) sobre suas experiências na Ilha de Blackwell e se transforma em celebridade.

Dezembro: *Ten Days in a Mad*-House é publicado em livro, acompanhado de outras reportagens.

1888: Nellie continua a atuar como jornalista investigava, ajudando a inventar e desenvolver a prática.

1889: Publica o romance *The Mystery of Central Park* em 12 de outubro. O romance não é bem recebido. Assina contrato de 40.000 dólares (1,1 milhão em 2020) com o *The New York Family Story Paper* (NYFSP) para escrever romances serializados por três anos.

Em 14 de novembro, embarca na viagem ao redor do mundo. A viagem inclui uma visita a Jules Verne, um leprosário na China e a compra de um macaco em Singapura. No mesmo período, seu romance *Eva, the Adventuress: A Romance of a Blighted Life* é serializado no NYFSP.

1890: Chega em Nova York em 25 de janeiro, completando a volta ao mundo em 72 dias, 6 horas e 11 minutos. O relato de viagem é publicado em livro como *Around the World in Seventy-Two Days*. Ao voltar para o país, dá uma série de palestras e deixa o *The World*.

1891-1893: Sofre de problemas de saúde e desaparece da cena jornalística. Seu romance *Little Luckie: Playing for Hearts*, é serializado no NYFSP em 1892.

1893: Em setembro, volta ao jornalismo com uma entrevista com Emma Goldman e outros anarquistas para o *World*. Posteriormente, passa a atuar em Chicago.

1895: Em março, conhece o milionário Robert Livingston Seaman, 42 anos mais velho, proprietário da Iron Clad Manufacturing Co., durante um jantar. Em 5 de abril, casam-se.

1896: Muda-se para a Europa com o marido e familiares.

1899: Volta para Nova York após a morte da irmã. Robert volta meses depois para resolver problemas de negócios.

1902: Cada vez mais envolvida com os negócios do marido, inventa e registra a patente de um novo tipo de lata de leite.

1904: Robert Seaman é atropelado em fevereiro e morre em 11 de março. Nellie assume o controle das empresas e trabalha incansavelmente, oferecendo condições generosas para os funcionários, mas sem tino para o lado financeiro.

1905: Richard Hayes, executivo da Iron Clad, é preso pelo desfalque de 120.000 dólares (equivalente a 3,5 milhões em 2020). Os processos judiciais envolverão outros criminosos e levarão ao fim da Iron Clad.

1911: Inicia-se o processo de falência da Iron Clad.

1912: Cobre a convenção do Partido Republicano para a eleição presidencial daquele ano. Como parte dos processos envolvendo a Iron Clad, é condenada a 20 dias de prisão por desacato.

1914-1918: Viaja para a Áustria em 1º de agosto de 1914, com a intenção de ficar algumas semanas a negócios. Com o início da Primeira Guerra Mundial, atua como correspondente de guerra nos territórios do Império Austro-Húngaro, sendo a primeira mulher a cobrir o Fronte Oriental. Chega a ser presa na Áustria em 1915, confundida com uma espiã britânica.

1919: Volta aos Estados Unidos, onde continua envolvida com os processos judiciais relativos à Iron Clad. Continua a atuar como jornalista nos EUA. Envolve-se com caridade para mães solteiras e órfãos.

1922: Escreve sua última coluna e, 9 de janeiro. Morre em 27 de janeiro, de pneumonia, em Nova York.

Bibliografia e Filmografia

Livros de Nellie Bly

- *Six Months in Mexico*

- *Ten Days in a Mad-House*

- *Around the World in 72 Days*

- *The Mystery of Central Park* (romance)

Traduções de *Ten Days in a Mad-House*

- *Dez dias no manicômio*. Tradução de Julio Silveiro, prefácio de Daniela Arbex. Coleção Meia Azul, Ímã Editorial, 2020.

- *Dez dias em um Hospício*. Tradução de Karine Ribeiro, prefácio de Marina Avila. Editora Wish, 2020.

- *10 jours dans un asile* (francês)

- *Dieci giorni in manicomio* (italiano)

- *Diez días en un manicomio* (espanhol)

- *Kymmenen päivää mielisairaalassa* (finlandês)

- *Tımarhanede On Gün* (turco)

- *Zehn Tage im Irrenhaus: Undercover in der Psychiatrie* (alemão)

- 瘋人院臥底十日紀：傳奇女記者的精神病院紀實報導 (chinês)

Outras traduções

- *Le Tour du monde en 72 jours* (francês)

- *6 mois au Mexique* (francês)

- *La vuelta al mundo en 72 días y otros escritos* (espanhol)

Sobre Nellie Bly

- BLIXT, David. *What Girls Are Good For: A Novel of Nellie*. Creativia, 2018. [romance]

- BRAITHWAITE, Kate. *The Girl Puzzle: A Story of Nellie Bly*. Darkstroke books, 2019. [romance]

- GOODMAN, Matthew. *Eighty Days: Nellie Bly and Elizabeth Bisland's History-Making Race Around the World*. Ballantine, 2014. [história]

- KROEGER, Brooke. *Nellie Bly: Daredevil. Reporter. Feminist*. Nova York: Crown, 1994. [biografia]

- MAHONEY, Ellen. *Nellie Bly and Investigative Journalism for Kids: Mighty Muckrakers from the Golden Age to Today, with 21 Activities*. Chicago: Chicago Review Press, 2015. [infanto-juvenil]

- MCCLEARY, CAROL. *The Alchemy of Murder* (2010), *The Illusion of Murder* (2011), *The Formula for Murder*

(2012) e *No Job for a Lady* (2014). Nova York: Forge Books. [romances de mistério]

- ROSE, Caroline Starr e BYE, Alexandra (ilustradora). *A Race Around the World: The True Story of Nellie Bly and Elizabeth Bisland*. Albert Whitman & Company, 2019 [infantil]

Adaptações e Documentários

- *Fuga do Hospício - A História de Nellie Bly* (2019). Telefilme. Dirigido por Karen Moncrieff, estrelando Christina Ricci.

- *10 Days in a Madhouse* (2015). Filme. Dirigido por Timothy Hines, estrelando Caroline Barry.

- *Around the World in 72 Days* (1997). Documentário, PBS.

- *The Adventures of Nellie Bly* (1981). Telefilme. Dirigido por Henning Schellerup, estrelando Linda Purl.

- *Around the World with Nellie Bly* (1960). Episódio do *The Dinah Shore Chevy Show*. Dirigido por Barry Shear, estrelando Janet Blair.